北大版对外汉语教材·写作教材系列

汉语高级写作教程

下 册

主编　李增吉
编者　李增吉　陆平舟　王太吉
　　　冯增娥　高学珠　方向红
　　　陆广训

图书在版编目(CIP)数据

汉语高级写作教程 · 下册/李增吉主编. —北京:北京大学出版社,2007.1
(北大版对外汉语教材 · 写作教材系列)
ISBN 978-7-301-11448-3

Ⅰ. 汉… Ⅱ. 李… Ⅲ. 汉语－写作－对外汉语教学－教材 Ⅳ. H195.4
中国版本图书馆 CIP 数据核字(2006)第 156717 号

书　　　名：汉语高级写作教程 · 下册
著作责任者：李增吉　主编
责 任 编 辑：严胜男
标 准 书 号：ISBN 978-7-301-11448-3/H · 1721
出 版 发 行：北京大学出版社
地　　　址：北京市海淀区成府路 205 号　100871
网　　　址：http://www.pup.cn
电 子 邮 箱：zpup@pup.pku.edu.cn
电　　　话：邮购部 62752015　发行部 62750672　编辑部 62753374　出版部 62754962
印 刷 者：北京大学印刷厂
经 销 者：新华书店
　　　　　787 毫米×1092 毫米　16 开本　12.5 印张　300 千字
　　　　　2007 年 1 月第 1 版　2010 年 8 月第 2 次印刷
印　　　数：3001—6000 册
定　　　价：32.00 元

未经许可,不得以任何方式复制或抄袭本书之部分或全部内容。
版权所有,侵权必究　　举报电话：010－62752024
　　　　　　　　　　　电子邮箱：fd@pup.pku.edu.cn

目　录

序　言 …………………………………………………………………（1）
前　言 …………………………………………………………………（1）

第八章　议论文 ………………………………………………………（1）
　第一节　基本知识 …………………………………………………（1）
　第二节　例文 ………………………………………………………（3）
　　　（一）谈勤奋 …………………………………………………（3）
　　　（二）学贵质疑 ………………………………………………（6）
　　　（三）小议"珍惜今天" ………………………………………（9）
　　　（四）"做一天和尚撞一天钟"之我见 ……………………（12）
　第三节　留学生习作点评 …………………………………………（15）
　练习 …………………………………………………………………（19）

第九章　读后感 ………………………………………………………（34）
　第一节　基本知识 …………………………………………………（34）
　第二节　例文 ………………………………………………………（36）
　　　（一）读《画蛋》有感 ………………………………………（36）

　　　　（二）读《团结就是力量》有感 ················· (40)
　　　　（三）读《野鸭的故事》有感 ················· (42)
　　　　（四）永远温馨的母爱 ······················· (45)
　　第三节　留学生习作点评 ························· (50)
　　练习 ··· (54)

第十章　讲话稿 ····································· (63)
　　第一节　基本知识 ······························· (63)
　　第二节　例文 ··································· (64)
　　　　（一）在大学毕业二十年聚会上的讲话 ········· (64)
　　　　（二）在毕业典礼上的讲话 ··················· (67)
　　　　（三）你的错在于没有任何过错 ··············· (69)
　　　　（四）为动物请命的呼喊 ····················· (71)
　　第三节　留学生习作点评 ························· (75)
　　练习 ··· (79)

第十一章　热点问题评论 ····························· (86)
　　第一节　基本知识 ······························· (86)
　　第二节　例文 ··································· (87)
　　　　（一）评运气 ······························· (87)
　　　　（二）水源匮乏　不容乐观 ··················· (90)
　　　　（三）评"比上不足，比下有余" ··············· (93)
　　　　（四）生活需要毅力和乐观 ··················· (96)
　　第三节　留学生习作点评 ························· (98)
　　练习 ··· (102)

第十二章　文学评论 ································· (109)
　　第一节　基本知识 ······························· (109)
　　第二节　例文 ··································· (111)
　　　　（一）清水芙蓉　高贵靓丽 ··················· (111)

（二）悬念环生　空白显像 …………………………………… (118)
　　（三）行云流水　朴素自然 …………………………………… (122)
　　（四）《四个四十岁的女人》得失谈 …………………………… (127)
　第三节　留学生习作点评 ………………………………………… (136)
　练习 ………………………………………………………………… (145)

第十三章　合同 ………………………………………………………… (151)
　第一节　基本知识 ………………………………………………… (151)
　第二节　例文 ……………………………………………………… (153)
　　（一）教材编写合同 …………………………………………… (153)
　　（二）图书出版合同 …………………………………………… (156)
　　（三）外聘教师聘任合同 ……………………………………… (160)
　　（四）国内旅游组团合同 ……………………………………… (163)
　练习 ………………………………………………………………… (167)

部分练习答案 ………………………………………………………… (170)
生词语总表 …………………………………………………………… (178)

序 言

　　一个人在母语环境中从开始牙牙学语,一直到熟练地说话,几乎是无师自通;可是要想识字、读书却一定要有老师来教才能学会,更不要说写文章了。语言学习离不开"听、说、读、写",其中的"听、说、读"需要用心于口耳,进入到"写"则必须要有前三者的基础,再加上动手动脑才行。这是母语或第一语言学习的情形。

　　对于第二语言的学习来讲,"听、说、读、写"都是要有老师来教的,尤其是"写",难度最大,要求也最高。我们在学习外语的时候,对此深有体会。汉语对于外国人来说也是外语,因此,外国人学汉语的时候同样是"写"的难度最大。

　　对外国留学生的写作教学跟对本国学生的写作教学不一样,一方面要考虑到口语和书面语的不同特点,另一方面还要考虑到母语写作和外语写作的不同特点。要提高留学生的写作能力,就需要增加书面语词汇的教学、各种复杂句式的组织和表达的实践教学,以及不同文体格式和汉语标点使用方法的教学。

　　《汉语高级写作》这部教材是由老、中、青教师合作编著的,他们都有国内外汉语教学的丰富经验,也曾为国内外编写过各类教材。特别是李增吉先生多年来一直在南开大学汉语言文化学院担任汉语写作及多种语言技能课程的教学工作,对汉语教材的编写,他始终抱有满腔热情并投入了大量的精力,已经编写了很多很好的汉语教材,还选编过多部留学生优秀作文集,对于各个层次的汉语写作教学有着丰富的经验。因此,李增吉先生是主编这部教材最合适的人选。

  这部教材有以下三个特点：

  1. 联系实际，不尚空谈。从小传开始，到消息、通讯、调查报告、游记、说明文、故事，最后是议论文、读后感、讲话稿等文体，这种由浅入深的编排符合学习写作的一般规律，并且各章例文既能体现文体特点，又贴近学生生活。这样，上课时教师有实际的内容来讲解和分析，学生写起来也有实际的例子可供阅读或模仿。

  2. 有讲有练，便于教学。每一章都有一节"留学生习作点评"，教师可以结合学生习作中出现的问题和难点来分析、讲解，进行练习，这样对提高留学生的写作水平会有直接的帮助。

  3. 留有余地，灵活选择。留学生的水平常常会有较大的差距，需要适当灵活地掌握内容和难度。这部教材的范文、练习和素材较多，并且注意编排上的循序渐进，为教师提供了较大的选择空间。

  在现有的留学生汉语教材中，初、中级的各种教材很多，而汉语高级教材比较少。随着汉语走向世界步伐的加快，我们应该重视和加强汉语高级教材的编写工作。《汉语高级写作教程》正是这样应运而生，真是可喜可贺。

  希望老师和外国同学们能够喜欢这部《汉语高级写作教程》。

南开大学汉语言文化学院

石 锋

2006年1月20日

前 言

《汉语高级写作教程》是为外国留学生编写的写作教材。使用对象是三年级留学生(已掌握3500个以上词语)或相当于该水平的汉语学习者。

一般来说,写作课应该是一门旨在提高语言表达能力的综合实践课。多年的教学经验告诉我们,留学生的写作课,除了提高写作能力以外,还同时兼有另一个教学目的,这就是帮助他们进一步克服语言障碍,通过实践进一步扩大词汇量,准确掌握词语的恰当用法和汉语的书面表达特点,以及汉语的语篇连接技巧等。

就上述教学对象来说,他们大多已经掌握了一般的语法知识,也具有基本的阅读和口语表达能力,但是,他们的汉语书面表达能力却可能差别较大,主要表现在遣词造句和表达较复杂意思时词语搭配的正误上。因此,留学生的写作课,如果不在授课中有针对性地兼顾上述问题,就会使提高写作能力变成一句空话。故本教材在编写过程中,有针对性地加强了这方面的训练。

一、编写原则

1. 突出典型性。对于文体的把握和理解主要是通过典型例文来实现的。本教材各章节都简单介绍了文体特征、惯用书写格式、不同文体在写作上的不同要求或应注意的问题。我们不空泛地谈写作理论,而是把更多的时间用于例文的介绍和分析,给学生提供切实可供参考或模仿的蓝本;同时在每种文体的例文选择上,兼顾了难易层次。

2. 强调针对性。在各章中设有"留学生习作点评"一节,以提高教材的针对性。我们选择的是留学生习作中存在这样那样问题的文章,其中包括词语使用不当、句法偏误等。这肯定会对提高留学生的汉语书面表达能力具有直接的指导意义。

3. 注重实践性。汉语的词语运用、表达方式、语篇连接手段等,是汉语写作必不可少的知识,因此,我们除了在"例文"和"留学生习作点评"的讲解中,注意对这些问题加以分析、说明外,在每一章后还特别增加了"练习"。在这一部分里,通过多种形式,就本章文体中常遇到的一些词语搭配、语篇连接等问题,让学生进行练习,目的是对学生已经接触过的汉语知识,从书面表达的角度加以强调、实践,启发他们把已学过的知识有意识地运用到写作中来,不断纠正书面表达中的错误,使他们的汉语书面表达能力切实得到逐步提高。

4. 遵循渐进性。对于外国留学生来说,写作能力的提高,离不开对中国文化的理解、谋篇布局的训练。因此,我们把理解范文、扣题作文、正确选题、运用素材、组织素材、段落呼应等贯穿于例文讲解和练习设计之中,通过这些训练,让学生学会运用句子的连接、语义的照应、段落的衔接等写作基本知识,进而使学生逐步掌握如何用汉语构建语篇,写出基本符合汉语表达习惯的、不同文体风格的作文来。

二、内容与安排

《汉语高级写作教程》(上册)共七章,可供一学期教学使用。在教学进度上可以安排每周一次课,每次2课时,每章2—3周授完。有些练习中的作文可以安排课下完成。

上册除第六章说明文外,从小传、消息、通讯、调查报告、游记到故事,均为二年级后期写作课中叙述文体的延伸。练习同样本着循序渐进的原则,从标点符号的正确使用入手,逐渐扩展到词语练习、语句练习、作文修改、作文,直至模拟汉语水平考试(高等)试题的作文练习。

《汉语高级写作教程》(下册)共六章,重点是学习议论文体。

本教材中的例文、练习以及练习中提供的素材大多超出了课堂讲授所需的量。这不仅是为了给教师提供选择的余地,也是为使学生在预习、复习或完成作文、作业时有足够的素材或资料参考。同时,我们希望这也能成为一种模式,即教师在教学实践中,可以以此为框架,根据学生的具体情况,对例文、习作以及素材进行筛选,把学生在新的习作中出现的问题和难点吸收进来,结合实际加以分析、讲解,带动学生进行练习,不断纠正错误,使教学更具有针对性,最终达到提高学生汉语写作能力的目的。

　　本教材在编写过程中得到南开大学汉语言文化学院的大力支持和北京大学出版社汉语编辑部的具体指导,谨在此表示诚挚的感谢。

　　对外汉语写作教学虽然已有较长的教学实践,但由于缺乏针对性较强的理论指导,致使这门课的随意性较大。本教材是在我们多年教学的基础上,对这门课程教学模式的总结。由于编写者水平所限,不妥之处,在所难免,敬请各位老师批评指正。

编　者

2006年1月

第八章 议论文

第一节 基本知识

一、什么是议论文

议论文是一种以议论或说理为主的文章。通常以提出问题、分析问题、解决问题的形式来阐明作者的观点。

议论文是通过证明和说理来论述客观事理,它是用事实材料和逻辑推理对中心论点、某人某事、某种观点提出意见、看法、主张并加以阐述的,必须讲清"为什么",从而证明自己的观点正确,使人接受自己所讲的道理,并从中受到教育。

议论文虽然有时也有记叙,但叙少议多,叙是阐明论点的需要。离开了论证问题的叙述和描写,都是画蛇添足。

二、议论文的三要素

议论文的三要素是论点、论据、论证。

1. 论点。论点是作者对所议论的问题的看法和主张,也就是表示赞成什么,反对什么。

论点要求鲜明。鲜明就是态度明确,赞成什么,反对什么,不含糊其辞,不模棱两可。

2. 论据。论据是用以证明论点的事实和道理。

① 事实论据:包括古今中外的真人真事、各种统计数字和自然界的各种客观现象。这种材料要求真实、确凿,有代表性。

② 道理论据:包括经过实践证明的人们所公认的真理、公式、定律、科学道理以及人们公认的名言、警句等。

3. 论证。论证是用论据证明论点的推理过程和方法。它反映了论据和论点之间的逻辑关系,使论点和论据有机地统一起来,并为论点服务。论证方法选用得当,可以使文章有理有据,条理清楚,逻辑性强,有说服力。

常用的论证方法有:

① 例证法:用具体事例做论据来证明论点的方法叫例证法。事例包括历史和现实的事实、实践经验、统计数字等。

② 引证法:用道理做论据来证明论点的方法叫引证法。所引用的道理一般是名人言论、众所周知的常理、科学原理等。

③ 对比法:通过两种不同事物的比较,或过去情况和当前情况的比较,明辨是非,有力地证明论点的方法叫对比法。

④ 分析法:通过层层深入、合情合理地分析问题,进行论证的方法叫分析法。运用这种方法可以使文章说理透彻、逻辑性强。

⑤ 归谬法:一般是先假设对方的论点、论证过程正确,然后按照其逻辑用对方的论点、论据推导出一个荒谬的结论。这样也就自然而然地驳倒了对方的论断。这种从反面论证的方法,常用于驳论中。

以上几种论证方法,在实际写作中,很少单用一种,常常几种方法交错运用。我们在写议论文时,要根据情况,选用恰当的论证方法。

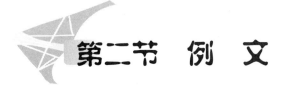

第二节 例 文

(一) 谈勤奋

世界上有许多著名的科学家、文学家和艺术家,像著名的科学家爱因斯坦、祖冲之,著名的文学家鲁迅、高尔基,著名的艺术家贝多芬、梅兰芳等等。也许有人会说:"这些人都是天才。"可是,纵览古今,横观中外,无论哪一个有建树的科学家、文学家、艺术家,无不是经过一番勤奋,才取得成功的。

开门见山,提出论点。

有这样一个故事,说的是一个爱讲废话而又不肯勤奋学习的青年,整天缠着科学家爱因斯坦,要他公开成功的秘诀。爱因斯坦被他缠得没办法了,就给他写了一个公式:$A = X + Y + Z$。然后告诉他:"A代表成功,X代表勤奋,Y代表正确的方法,Z代表少说废话。"这个公式包含着真理,它表明一个人要想在科学上取得一点成绩是不容易的,同时它还告诉人们,学习要有正确的方法,少说废话,多干实事,更要有一个"勤"字。

论据一,采用事实论据。用例证法阐明论点。

许多伟人也希望我们在学习上要"勤奋"。马克思曾经说过:"在科学上没有平坦的大道,只有不畏劳苦沿着陡峭山路攀登的人,才有希望达到光辉的顶点。"马克思是这样说的,也是这样做的。他每天起早摸黑,废寝忘食地工作和学习。为了了解资本主义的发展规律,马克思坚持每天到图书馆查阅资料,风雨无阻,寒暑不辍,用辛勤的汗水浇灌他亲手栽下的科学之树。日复一日,年复一

论据二,采用道理论据和事实论据。用引证法和例证法阐明论点。

年,整整四十年哪,终于结出了胜利的果实,写出了世界上第一部关于研究资本主义发展规律的科学巨著——《资本论》。

"不经一番冰霜苦,哪得梅花放清香。"这是中国著名表演艺术家俞振飞老先生在向青年演员传授技艺时说的话,也是他发自肺腑的感受。确实,经过一番勤学苦练才成为著名表演艺术家的俞振飞老先生,走过的是一条不平凡的艺术道路。在这崎岖的小路上,他洒下了辛勤的汗水,付出了艰苦的劳动,费尽了毕生的心血,经过一番"冰霜苦",终得"梅花放清香"。

> 论据三,采用事实论据和道理论据。用引证法与例证法阐明论点。

"业精于勤荒于嬉。"这是中国古代文学家韩愈留给后人的名言,意思是说:勤奋可以使学业更加精深,松懈就会使学业荒废。高尔基说过:"我扑在书本上,就像饥饿的人扑在面包上一样。"我们正像饥饿的人非常需要面包一样,非常需要勤奋地学习。

> 论据四,采用道理论据。用引证法阐明论点。

综上所述,我们不难悟出其中的道理:只有勤奋学习,才能在科学和艺术上取得成就。勤奋,是通向科学、艺术高峰的阶梯。

> 总结全文,再次强调和深化中心。结尾干脆有力。

(选自《小作家文库》,作者:安旭,有改动)

生 词 语

1. 纵览　　zònglǎn　　(动)　放开眼任意观看。
2. 横观　　héng guān　　　　　放眼观看。
3. 公式　　gōngshì　　(名)　用数学符号或文字表示各个数量之间的关系的式子,具有普遍性,适合于同类关系的所有问题。

4.	实事	shíshì	（名）	具体的事；实在的事。
5.	陡峭	dǒuqiào	（形）	坡度很大，直上直下。
6.	攀登	pāndēng	（动）	抓住东西爬上去。
7.	光辉	guānghuī	（形、名）	①灿烂；光明。②闪烁耀眼的光。
8.	顶点	dǐngdiǎn	（名）	最高点。
9.	起早摸黑	qǐzǎomōhēi		起得早，睡得晚。形容人辛勤劳动。
10.	废寝忘食	fèiqǐnwàngshí		顾不上睡觉，忘了吃饭。形容非常专心、勤奋。
11.	查阅	cháyuè	（动）	查找翻阅（书刊、文件等有关的部分）。
12.	风雨无阻	fēngyǔwúzǔ		无论刮风还是下雨都阻挡不住。比喻无论发生什么情况，都按照原计划进行。
13.	寒暑不辍	hánshǔ bú chuò		一年到头不停止。
14.	巨著	jùzhù	（名）	篇幅大、内容丰富、思想深刻的著作。
15.	肺腑	fèifǔ	（名）	比喻内心。
16.	感受	gǎnshòu	（动、名）	①受到（影响）；接受。②接触外界事物得到的影响；体会。
17.	崎岖	qíqū	（形）	形容（山路）高低不平。也比喻处境艰难。
18.	心血	xīnxuè	（名）	心思和精力。
19.	名言	míngyán	（名）	著名的话。
20.	综上所述	zōngshàngsuǒshù		综合上面所说的（内容）。常用来引出综合性结论。
21.	阶梯	jiētī	（名）	台阶和梯子。比喻向上的凭借物或途径。

> **简析**
>
> 　　本文论点鲜明,论据充分。文章的第一段就提出了论点:"无论哪一个有建树的科学家、文学家、艺术家,无不是经过一番勤奋,才取得成功的。"紧接着用例证法、引证法来充分阐明论点,因此说服力很强。
> 　　本文层次清楚,结构严谨。第一自然段提出论点,第二自然段用事实论据来阐明论点,第三、第四自然段用道理论据和事实论据阐明论点,第六自然段再次强调和深化论点。

（二）学贵质疑

　　我们说有成就的人有"学问"。所谓"学问",就是要既"学",而且"问"。"问"从何来?从疑而来。只有多疑、善疑、质疑、探疑,才能获得渊博的学识,用之于人民的事业,所以我们说:学贵质疑。

> 提笔破题,提出论点。

　　人们常常把知识比做海洋,海洋无边无际,知识也是无止境的。一个人,无论他有多大的学问,总会有许多不知道的地方,而多疑、善疑、质疑、探疑则是获取新知识的途径。正是因为这一点,法国伟大作家巴尔扎克说:"打开一切科学的钥匙都毫无疑义地是问号,而生活的智慧,大概就在于逢事都问个为什么。"的确如此。如果达尔文没有对"特创论"的怀疑,就不会有"自然选择学说"的确立;如果哥白尼没有对"地心说"的怀疑,也不会有"日心说"的创立。所以说,只有疑,才能使我们的智慧之树开出艳丽的花,结出丰硕的果。

> 用两个假设复句有力地论证了成功的前提是先有疑问。

　　但是,我们必须明白,疑是建立在丰富的知识和认真思考之上的,绝不是无端的猜疑或随便的怀疑。达尔文对"特创论"的怀疑,并不是一时的心

> 强调任何有效的疑问都是建立在丰富的知识和认真思考之上的。

血来潮，而是在随"贝格尔"号帆船环球旅行五年里，观察和采集了大量的动植物标本，查阅并研究了无数的地质资料，经过综合探讨之后，才向根深蒂固的"特创论"发出了强有力的挑战，其结果自然是真理胜利。可见，任何有效的怀疑，都依赖于对事实的仔细分析和对理论的深入研究。

> 从反面说明不善于怀疑的危害。

可是有许多青年，他们不善于怀疑，不善于发现。他们相信，凡是书上写的便是正确的，凡是前人说的便是真理。他们迷信书本，崇拜前人，不敢越雷池一步。这样的人，自然不会有什么发现，更不可能有什么创见。他们对于社会的进步没有什么贡献，还可能成为社会的绊脚石，阻碍人类文明的发展。这样的人多了，我们的社会就不会进步，人类的文明就会停滞不前。所以我们必须提倡怀疑精神。

(选自《中学生限字作文》，作者：黄菊，有改动)

生 词 语

1. 质疑	zhìyí	(动)	提出疑问。
2. 渊博	yuānbó	(形)	(学识)深厚广博。
3. 无止境	wú zhǐjìng		没有尽头。
4. 途径	tújìng	(名)	路径(多用于比喻)。
5. 特创论	tèchuànglùn		也称"神造说"。认为生物界的所有物种都是上帝分别创造的，是一成不变的，或只能在种的范围内变化，决不能形成新种。
6. 自然选择	zìrán xuǎnzé		生物在自然条件的影响下经常发生变异，适于自然条

件的生物可以生存、发展，不适于自然条件的生物被淘汰,这种适者生存的过程叫自然选择。

7. 学说	xuéshuō	（名）	重大学术问题上自成系统的理论或主张。
8. 地心说	dìxīnshuō		古时天文学上一种学说,认为地球居于宇宙的中心静止不动,太阳、月球、行星和恒星都围绕地球运行。
9. 日心说	rìxīnshuō		古时天文学上一种学说,认为太阳处于宇宙的中心,地球和其他行星都围绕太阳运行。
10. 艳丽	yànlì	（形）	鲜明美丽。
11. 丰硕	fēngshuò	（形）	(果实)又多又大(多用于抽象事物)。
12. 无端	wúduān	（副）	没有来由地;无缘无故地。
13. 心血来潮	xīnxuèláicháo		由于感情一时冲动而突然产生某种念头。
14. 环球	huánqiú	（动、名）	①环绕地球。②全世界。
15. 标本	biāoběn	（名）	保持实物原样或经过加工整理,供教学、研究用的动物、植物、矿物等的样品。
16. 地质	dìzhì	（名）	指地壳的成分和结构。
17. 根深蒂固	gēnshēndìgù		比喻基础牢固,不容易动摇。
18. 真理	zhēnlǐ	（名）	真正的道理,即客观事物及其规律在人的意识中的正确反映。
19. 依赖	yīlài	（动）	不能自立或自足而依靠某种人或事物。

20. 迷信	míxìn	(动)	泛指盲目地信仰崇拜。
21. 崇拜	chóngbài	(动)	尊敬钦佩。
22. 不敢越雷池一步	bù gǎn yuè léichí yí bù		雷池:古水名。原指坐镇防守,不能擅自领兵越过雷池。后指做事拘谨,不敢超越一定的界限。
23. 创见	chuàngjiàn	(名)	独到的见解。
24. 绊脚石	bànjiǎoshí	(名)	比喻阻碍前进的人或事物。
25. 停滞	tíngzhì	(动)	因为受到阻碍,不能顺利地运动或发展。

简析

本文作者从"学贵质疑"的角度立论,分"多疑、善疑、质疑、探疑则是获取新知识的途径"、"疑是建立在丰富的知识和认真思考之上的"、"有许多青年,他们不善于怀疑,不善于发现……所以我们必须提倡怀疑精神"三个层次论证了多疑的意义,认为丰富的知识和认真思考是多疑和解决问题的基础。文章的针对性较强,对青少年的学习和生活都有着重要的意义。

(三) 小议"珍惜今天"

桃花谢了,还有再开的时候;燕子飞走了,还有再来的时候;唯有时间流逝了,便永远不再回来。人没有能力挽留时间,但人能够珍惜时间。珍惜今天,才可能在短暂的生命中给世界留下美好的东西。

> 由比喻句式引出论点:珍惜今天。

纵观古今，每一位伟人成功的关键都在于不一味沉醉于昨天，而是珍惜今天，向往明天。昨天也许无比甜蜜，也许曾有悲痛。有的人一味回首幸福往事，而不注意抓紧今天的大好时光；有的人为昨日的悲痛而消沉、叹息，不能紧紧把握今天的可贵时机。无数个今天偷偷地从他们身边溜走，到头来，他们一无所得。

> 论证对昨天、今天、明天态度不同，会有不同结果。

说到回首昨天，浪费今天，我是有教训的。读中学时，我的学习成绩在班上总是数一数二，老师、同学的赞扬常使我沾沾自喜。自从轻易地考上大学后，我便对自己放松了要求。我一两次测验成绩不好，根本不当回事，心想：哼，我中学成绩好……直至上学期期末考试成绩差点儿不及格时，我才大为震惊，从梦中醒过来。

> 用自己的教训来说明应珍惜今天。

也有一些人，只是空想明天，只想着明天是怎样怎样美好，为自己描绘了一幅宏伟的蓝图，却不想付诸行动。结果同样是什么也得不到。记得刚开学时，我制定了一个学习计划，想象着实现这些计划后，我将会取得怎样好的成绩。但是，同学招呼我去玩时，我便放下手中的作业，情不自禁地离开书桌。到最后才发现，自己的美好计划已化为乌有。

今天，只要你想抓紧，总是可以抓住的。抓住了今天，你才能无愧于昨天，自信地迎接明天。今天是一切事业的基础。常言道："千里之行，始于足下。"所以我们要千方百计地抓紧今天，让每一个今天都有意义。

> 论证了昨天、今天、明天的关系。

现在，离期中考试还有三个星期，我受班上勤奋学习风气的影响，改变了以往拖拉、散漫的作风，紧锣密鼓地开始复习。为了勉励自己，我在笔盒里写上"珍惜今天"几个字。清晨，我很早就起

> 强调"珍惜今天"，要付诸行动。

来,趁着大好时光抓紧时间复习,晚上的时间抓得也很紧。

　　每当我松懈的时候,"珍惜今天"这几个字便给了我无穷的力量,使我又继续专心复习。"工夫不负有心人",我期中考试的总成绩比以前提高了不少。

　　为了明天,愿大家都珍惜这宝贵的"今天"吧。

> 结尾再次强调本文论点。

(选自《新思路作文突破丛书》,作者:王济黎,有改动)

生 词 语

1.	一味	yíwèi	(副)	单纯地。
2.	回首	huíshǒu	(动)	回忆;回顾。
3.	消沉	xiāochén	(形)	情绪低落。
4.	沾沾自喜	zhānzhānzìxǐ		形容自以为很好而得意的样子。
5.	空想	kōngxiǎng	(动、名)	①脱离实际地想象。②脱离实际的想法。
6.	蓝图	lántú	(名)	比喻规划或计划。
7.	付诸行动	fùzhūxíngdòng		把计划落实在行动中。
8.	情不自禁	qíngbúzìjīn		(因激动等原因)控制不住自己的感情。
9.	化为乌有	huàwéiwūyǒu		变得什么都没有。指全都消失或完全落空。
10.	无愧	wúkuì	(动)	没有什么可惭愧的地方。
11.	千里之行,始于足下	qiānlǐzhīxíng, shǐyúzúxià		一千里的路程是从迈第一步开始的。比喻事情的成功都是由小到大逐渐积累的。

12. 拖拉　　　　　tuōlā　　　　（形）　办事很慢，不赶紧完成。
13. 散漫　　　　　sǎnmàn　　　（形）　随随便便，不守纪律。
14. 紧锣密鼓　　　jǐnluómìgǔ　　　　　锣鼓点儿敲得很密。比喻公开活动前的紧张的舆论准备。
15. 无穷　　　　　wúqióng　　　（形）　没有穷尽；没有限度。
16. 工夫不负有心人　gōngfu bú fù yǒuxīnrén　　指只要肯动脑筋、下工夫，就会成功。

简析

作者针对自己和大部分同学不珍惜时间的情况，用比喻句式形象地提出"珍惜今天"的论点。作者不是泛泛地谈空道理，而是透彻地分析了昨天、今天、明天的关系，并结合自己过去和现在的体会，层层深入地论证了"珍惜今天"，必须要"付诸行动"的重要意义，最后发出了"为了明天，愿大家都珍惜这宝贵的今天"的号召。

本文立意构思都很新颖，运用了道理论据和事实论据，论证充分、清楚、有力，是一篇较好的议论文。

（四）"做一天和尚撞一天钟"之我见

在日常生活中，人们常常用"做一天和尚撞一天钟"来批评那些得过且过的人。工作得过且过，极不负责，当然应当批评，可这一俗语的意义实在冤枉了那些每天按时按点撞钟的和尚。其实，和尚撞钟正是他忠于职守的表现，不但不应指责，而且应当大力提倡。

> 提出论点：和尚撞钟是忠于职守的表现。

做一天和尚撞一天钟，正如守卫边疆的战士在站岗放哨和科学家在实验室里天天工作一样，是在负其神圣的职责。假如我们每个人都能像和

> 用具体事例做论据进行论证。

尚一样尽心尽责，那我们周围就不会再出现因玩忽职守而造成损失的事故了。

　　把和尚撞钟看成是无所事事，无非是因为撞钟太平凡。但正是在这平凡的工作中，却表现出一种不平凡的"精神"，那就是"认真"。认真是一切成功者的必备的品质和共同的特征。那些为国家建立功勋的人，没有一个不是认真的。诺贝尔奖金获得者们在科学研究中那种认真负责、一丝不苟的精神是有口皆碑的。撞钟的和尚虽然谈不上有什么成就，但他一年三百六十五日，不管刮风下雨，天天撞钟，实在可以说是"认真"的模范。

> 指出和尚撞钟是在认真地工作。

　　世界上最难的就是"认真"。譬如撞钟吧，偶尔敲打，有点儿乐趣，但要天天撞，月月撞，年年撞，按时按点地撞一辈子，可就不太容易了。而这正是撞钟和尚的可贵之处。由此我想到那些整年在地里劳动的农民和驻守边疆的战士及所有从事平凡工作的人，他们对自己所做的事尽心尽力，尽管他们所做的事是平凡的。难道这不值得那些大事干不了，小事不爱干的人敬服吗？

> 强调撞钟精神值得敬服。

　　可是有些人却对撞钟不屑一顾，说这是胸无大志。他们所谓的大志，无非是想出人头地，或者想找个既拿钱又省力的"好工作"。他们不择手段，一旦达到目的，就只想吃喝玩乐，就不去认真工作。这些人的工作态度和撞钟的和尚相比，真是相差十万八千里！

> 从反面进行论证。

　　但愿"做一天和尚撞一天钟"式的人物越来越多。

> 结尾再次强调论点。

（选自《中学700字作文》，作者：王海伟，有改动）

生 词 语

1. 做一天和尚撞一天钟	zuò yì tiān héshang zhuàng yì tiān zhōng		指照例行事,过一天算一天。比喻工作不起劲,做事敷衍,不求进取。
2. 我见	wǒjiàn	(名)	我个人的见解(多用作文章标题)。
3. 得过且过	déguòqiěguò		只要勉强过得去就这样过下去。也指对工作不负责任,敷衍了事。
4. 冤枉	yuānwang	(动、形)	①没有事实根据给人加上恶名。②受到不公平的待遇。
5. 撞钟	zhuàng zhōng		敲钟。
6. 忠于	zhōngyú	(动)	忠诚地对待。
7. 职守	zhíshǒu	(名)	工作岗位。
8. 站岗	zhàngǎng	(动)	站在岗位上,执行守卫、警戒的任务。
9. 放哨	fàngshào	(动)	站岗或巡逻。泛指加强警戒。
10. 神圣	shénshèng	(形)	极其崇高而庄严。
11. 尽心	jìnxīn	(动)	(为别人)费尽心思。
12. 尽责	jìnzé	(动)	尽全力负起责任。
13. 玩忽	wánhū	(动)	不严肃认真地对待;忽视。
14. 无所事事	wúsuǒshìshì		闲着什么事也不干。
15. 功勋	gōngxūn	(名)	指对国家、人民立下的特殊功劳。
16. 诺贝尔奖金	Nuòbèi'ěr jiǎngjīn		以瑞典化学家诺贝尔的遗产设立的奖金。
17. 一丝不苟	yìsībùgǒu		形容办事认真,连最细微的地方也不马虎。

第八章　议论文

18. 有口皆碑	yǒukǒujiēbēi	比喻人人称赞。
19. 不屑一顾	búxièyígù	不值得一看。表示非常轻视；看不起。
20. 胸无大志	xiōngwúdàzhì	心里没有远大的志向。
21. 出人头地	chūréntóudì	超出一般人；高人一等。
22. 不择手段	bùzéshǒuduàn	为了达到目的,什么手段都使得出来(含贬义)。

简析

　　"做一天和尚撞一天钟"本意是说和尚得过且过,工作不认真。本文作者却反弹琵琶,认为"做一天和尚撞一天钟"是忠于职守的表现。然后作者运用了反正对比论证方法,把大事不能干、小事不愿干的人同具有"撞钟"精神的人对比,把"想出人头地者"和"撞钟"的和尚对比,既是破,也是立,破中有立,立破结合,澄清了是非,有力地衬托了"撞钟"精神的可贵。

第三节　留学生习作点评

说"潇洒"

　　"潇洒",对我来说,这个词比较难懂的①。什么叫"潇洒"呢？查词典也仍旧稍微一点儿模糊②。词典上说:"精神、举止、风貌等自然、大方,有韵致,不拘束。比如:神情潇洒、英俊潇洒的青年等等。"

　　有一天,我遇了一个事情③,对我的观点来说可以说是"潇洒"④。我认识一个中国青年,他是成熟又幽默的⑤。在有些人看来,他是个差不多"完美"的男性⑥。听说有一天,在飞机场他要离开中国,跟家人和

15

朋友分手的时候,忽然禁不住流泪⑦。他妹妹和朋友从飞机场回到学校时,说他做那样是个"二百五"⑧。但是我感觉到"哭"也是一种"潇洒"⑨。

我也是个懂人情味的人⑩,明明知道他妹妹和朋友们把他叫作"二百五"的理由⑪。难道他们不懂他的心情吗⑫?从中国的传统观念,作为一个男子汉在人前哭,是不光彩、不潇洒的事情⑬。按这种说法,他真的丢了面子⑭。不过我不认为他是"二百五",而且对于他在人前流了泪花觉得很亲切、可爱⑮。感情自然地流出来最好⑯,我把这当作一种"潇洒"。

生活当中的什么叫"潇洒"⑰?如果标准不同,结论不同⑱。我觉得"潇洒",别人感到可能不怎么"潇洒"⑲,因为"潇洒"不是绝对的,是相对的。

"潇洒"并不是一件容易做的事。那怎么做才算得上呢?我认为,不要勉强,只有你自然一点儿,你就算做到了⑳。

评改

① "对我来说"这个介词短语应放到句子开头,起引进话题的作用。"比较难懂的"做谓语,缺少谓语动词"是"。整个句子改为"对我来说,'潇洒'这个词是比较难懂的";或者不加"是",删去"的"。

② "稍微"表示变化的程度轻。根据下文语义,应该是"稍微明白一点儿"。原句中的"一点儿"改成"有点儿"。"有点儿"用在形容词前面,表示程度轻。"也"表示类同,"仍旧"表示跟过去一样。"也"与"仍旧"语义有重复,把"也"去掉。整句应改为"什么叫'潇洒'呢?查了词典以后,稍微明白一点儿,不过仍旧有点儿模糊"。

③ "遇"后面加上"到"做补语。这句改为"我遇到了一件事"。

④ "对我的观点来说"与动词短语"可以说是……"搭配不当。全句可改为"在我看来,这也算是一种'潇洒'"。

⑤ 根据上下文,这一句不需要用强调句式"是……的"。"他是成熟又幽默的"改成"他不但成熟而且幽默"。

⑥ 这句把"差不多"提到"是"前面。

⑦ 这一句应改变语序。"他要离开中国"放在"有一天"后面。"在飞机场"这个地点状语放到"跟家人和朋友分手的时候"前面。"流泪"是离合词,中间可插入其他成分,"流下了眼泪"。整个句子为:"听说有一天,他要离开中国,在飞机场跟家人和朋友分手的时候,忽然禁不住流下了眼泪。"

⑧ "做那样"改为"那样做"。整个句子改成"他妹妹和朋友从飞机场回到学校时,说他那样做是个'二百五'"。

⑨ 这一句动宾搭配不当。"感觉"指在外界刺激下产生的某种反应。根据下文,"哭也是一种'潇洒'"是作者自己的观点,应用"觉得"。这一句与上一句是两种相反的观点,构成对比,用"却"或"倒"比用"但是"好。这句改成"我却(倒)觉得这也是一种'潇洒'"。

⑩ 这一句动宾搭配不当。"懂"可与"人情世故"搭配,"有"可与"人情味"搭配。这句应改成"我也是个懂人情世故的人"或者"我也是个有人情味的人"。

⑪ "明明"表示事情很显然,很容易从外表看出来,下文常有转折。而这句并无转折。根据上文意思,"明明"改成"当然"。"当然"表示按情理应当这样。

⑫ "难道他们不懂他的心情吗?"这一句使上下文语义不连贯,应移到这一段开头更合适。后面再加上"不是的"。

⑬ 这一句介词运用不当。"从中国的传统观念"改为"按照中国的传统观念"。"人前"改成"别人面前"。整个句子改为"作为一个男子汉在别人面前哭,是不光彩、不潇洒的事情"。

⑭ "按这种说法"与上文语义重复,改成"这样看来"。根据上文,"他真的丢了面子"为判断句,应加上"是"。整个句子改成"这样看来,他真的是丢了面子"。

⑮ "流"与"泪花"动宾搭配不当。"流"与"泪水"搭配,"泪花"与"闪动"搭配。根据上文语义,"泪花"应改成"泪水"。"而且"与"反而"含义和用法不同。根据语义,这一句与上文的观点相反,应该用"反而"。"对于"的作用是引进关系者,这里应当用与上文"认为"意思相近的"觉得",使句子关系简单一点。这句应改为"反而觉得他在人前流了眼泪这种举动很亲切、可爱"。

◆◆◆ **"反而"与"而且"的区别:**

"反而"是副词,表示跟前文意思相反或出乎意料,在句中起转折作用;"而且"是连词,表示递进关系,同时有加强语气的作用。例如:

(1) 老李年纪最大,反而比年轻小伙子干得还欢。

(2) 工作正需要人的时候,他反而辞职不干了。

(3) 雨不但没有停,反而越下越大了。
(4) 他会开车,而且也会修车。
(5) 雨停了,而且风也渐渐停了下来。
(6) 他不但不喝白酒,而且连葡萄酒也不喝。

⑯ "感情"与"流"主谓搭配不当,"流"改成"流露"。这句应改成"感情自然地流露出来最好"。

⑰ 原句中的"生活当中"做"什么"的定语,这种情况,习惯上不用"的"。

⑱ "结论不同"与前一分句语义关系不明确,应加上"也就",改成"如果标准不同,结论也就不同",使上下句语义关系更明确。

⑲ "可能"是能愿动词,应放在动词"感到"前面。这一句改成"别人可能感到不怎么潇洒"。

⑳ 句中的"只有"应改为"只要"。

评语

文章一开头先指出"潇洒"是一个难懂的词,于是查阅词典,意思仍然模糊。接下来用生活中的一个具体事例来分析说明究竟什么是"潇洒"。作者先引出别人的观点——"男子汉在别人面前哭,是不光彩、不潇洒的事情",然后又摆出自己的观点——"哭"作为感情的一种自然流露,也是一种"潇洒",进一步指出"潇洒"不是绝对的,是相对的。

当代社会人人都希望自己能够"潇洒走一回",因此文章最后对如何做到"潇洒",提出了切实可行的办法:"不要勉强自己,只要你自然一点儿,你就算做到了"。

本文论据不够充分,所以文章显得说服性不够强。

一、模仿造句：

1. 为了国家的建设，工人们在废寝忘食地工作。

   为了_____，_____废寝忘食_____。

2. 他心血来潮想当导演，于是找了几个演员拍了一部电视短剧。

   他心血来潮_____，_____。

3. 长期以来，重男轻女的思想在他脑子里根深蒂固。

   长期以来，_____根深蒂固。

4. 我看，他有了一点儿成绩就沾沾自喜，成不了什么大事。

   _____，_____沾沾自喜，_____。

5. 不论是看电影还是看小说，看到动人处，我总是情不自禁地流下眼泪。

   不论_____，_____，_____情不自禁_____。

6. 这种人一心向上爬，总是不择手段地攻击别人，抬高自己。

   _____，_____不择手段_____，_____。

二、用下面词语造句：

1. 起早摸黑　　　　　　2. 风雨无阻
3. 不屑一顾　　　　　　4. 付诸实行
5. 化为乌有　　　　　　6. 紧锣密鼓
7. 得过且过　　　　　　8. 无所事事

三、下面句子里都有一些词语搭配不当的毛病，请加以修改：

1. 李老师批改完学生的作文，脸上表露出满意的神情。

2. 妈妈低头深思了片刻,才答应跟我们一起去看电影。

3. 他的发言代替了我们几个人,我们不再重复了。

4. 你在工作中遇到困难是很自然的事情,没什么了不起,哪能总是风平浪静呢?

5. 这些老教师年纪都大了,身体又不好,我们这些青年教师应该主动关怀他们的生活。

6. 为了掌握第一手材料,他不顾年老体弱,多次到农村进行实地观察。

7. 无论做什么事情,都要有群众观点,不要夸张个人作用。

8. 我虽然当选上了优秀学生,但我自己并不满意于已经取得的成绩。

9. 两国总理商量了今后的经济文化交流和互派留学生的问题。

10. 这个人没主见,不管讨论什么问题,他总是赞成别人。

四、编写会话,并用上所给的词语:
题目:我打算写篇议论文
词语:题目 议论文 论点 论据 充分 论证 修改 完成

五、选词填空:

| 只有 | 方式 | 反之 | 对于 | 负担 | 把握 | 逐步 | 主动 |
| 独立 | 灵活 | 采取 | 还是 | 这样 | 实际上 | 随波逐流 | |

那么怎样才能成为学习的主人呢?

首先,要明确学习目的。斯大林有一句名言:"伟大的毅力产生于伟大的目的。"_____目的明确了,才能自觉地、坚持不懈地去学习。_____,不知道为什么而学习,就会把学习当成_____,好像被人逼迫似的,不得不去学习,这_____就是奴隶式学习的思想根源。

其次要_____积极的学习态度,_____地去学习。对待知识,要仔细琢磨,注意理解,使之成为自己的东西,并能够_____运用。无论是课堂听讲_____课后复习,都坚持_____思考,多问几个为什么。不断地设疑,不断地解疑,知识和能力就能_____地得到增多和加强。

另外,学习上要坚持走自己的路,不能见异思迁。看到别人学什么,自己也赶紧去学,别人买了本什么参考书,自己也赶紧去弄,别人去玩自己也坐不住了。_____,岂不又成了"奴隶"?应该_____自己,坚持自己的一套路子,而不能_____。

最后,有张有弛,注意劳逸结合。紧张的学习过后,放松一下儿,_____提高学习效率是有好处的。有人认为这是浪费时间,这是不对的。休息是为了更好地学习,"磨刀不误砍柴工",那种整天坐着不动的_____是不可取的。

六、给下面短文加上标点符号,并分成四个自然段:

对一个中学生来说分数固然重要但如果过分看重分数一味钻在分数里忽视了能力的培养必然造成高分低能的现象但是高分未必低能因为高分和高能完全能统一在一个人身上如数学家杨乐在读中学时成绩十分优秀周恩来少年时曾以高分考入中外闻名的南开大学成为当时唯一的免费生再说一定程度上分数毕竟是衡量自己学得好坏的准绳那种80分足矣的论调是不对的它会使人满足现状不求上进同学们我们应该以一分为二的观点看待分数既不能把分数看得过重也不能轻视分数

七、认真阅读下面议论文,并完成练习:

(一)才能来自勤奋学习

① 生而知之者是不存在的,"天才"也是不存在的。人们的才能虽有差别,但其根源主要在于是否勤奋学习。

② 学习也是实践,不断地学习实践是人们获得才能的基础和源泉。没有学不会的东西,问题在于你肯不肯学,敢不敢学。自幼养成勤奋学习的习惯,就会比一般人早一些表现出才能,人们却误认为是什么"天才",捧之为"神童"。其实,"天才"和"神童"的才能主要也是后天获得的。当所谓"天才"和"神童"一旦被人们发现,捧场、社交等等因素阻止了他们继续勤奋学习,他们渐渐落后了,最后一事无成者,在历史上是屡见不鲜的。反

之,本来不是"神童",由于坚持不懈地发奋努力,而成为举世闻名的科学家、发明家的却大有人在。

③ 牛顿、爱因斯坦、爱迪生都不是"神童"。牛顿终身勤奋学习,很少在午夜两三点以前睡觉,常常通宵达旦地工作。爱因斯坦读中学的成绩并不好,考了两次大学才被录取,学习也不出众,毕业后相当一段时间找不到工作,后来在瑞士伯尔尼专利局当了七年职员。就是在这七年里,爱因斯坦在艰苦的条件下顽强地学习、工作着,利用业余时间勾画出了相对论的理论基础。发明家爱迪生家境贫苦,只上了三个月的学,在班上成绩很差。但是他努力学习,对于许多自己不懂的问题,总是以无比坚强的意志和毅力刻苦钻研。为了研制灯泡和灯丝,他摘写了四万页资料,试验过一千六百多种矿物和六千多种植物。由于他每天工作十几个小时,比一般人的工作时间长得多,相当于延长了生命。所以当他七十九岁时,他宣称自己已经是一百三十五岁的人了。任何人付出和他们同样艰苦的努力,都能有这样、那样的贡献,都能获得一定的才能。不仅在科学上,在文学艺术上也是一样。

④ 总之,人们的才能主要是勤奋努力学习得来的。马克思终身好学不倦,为了写《资本论》,花了四十年的工夫阅读资料和摘写笔记。他在伦敦,每天到大英博物院图书馆阅读,竟在座位前的地板上踩出一个脚印。马克思是我们的光辉榜样,这脚印深刻地说明:才能来自勤奋学习。

(选自《黄冈中考必备新方略》)

1. 文章的中心论点是 _____。

2. 文章第②段画线句子在结构上起什么作用?

    答:_____。

3. 文章运用的论证方法有:_____。

4. 文章第②段论述了所谓"天才"、"神童"的可悲后果,紧接着在第③段列举了牛顿等人勤学成才的事例。简要分析作者这样安排材料的作用。

    答:_____。

5. 简要分析第④段在文章中的作用。

    答:_____。

（二）说　勤

中国有句俗话，叫做"一勤天下无难事"。唐朝大文学家韩愈也曾说过："业精于勤。"这就是说，学业方面的精深造诣来源于勤奋好学。

勤，就是要人们珍惜时间，勤学习，勤思考，勤探索，勤实践，勤总结。看古今中外，凡有建树者，无不成功于勤。

勤出成果。马克思为写《资本论》辛勤工作、艰苦奋斗了四十年，阅读了数量惊人的书籍和刊物，其中作过笔记的就有一千五百种以上；中国历史巨著《史记》的作者司马迁，从二十岁起就开始漫游的生活，足迹遍及黄河、长江流域，搜集了大量的社会素材和历史素材，为《史记》的创作奠定了基础；德国伟大的诗人、小说家和戏剧家歌德，前后花了五十八年的时间，搜集了大量的材料并写出对世界文学界和思想界产生很大影响的诗剧《浮士德》；中国年轻的数学家陈景润，在攀登科学高峰的道路上，翻阅了国内外上千种资料，通宵达旦地看书学习，取得了震惊世界的成就；上海一女知识青年，坚持自学，十年如一日，终于考上了高能物理研究生。可见，任何一项成就的取得，都是与勤奋分不开的。古今中外，概莫能外。

勤出智慧。传说古希腊有一个叫德摩斯梯尼的演说家，因小时候口吃，登台演讲时，声音混浊，发音不准，常常被雄辩的对手压倒。可是他不气馁，不灰心，为克服这个弱点，战胜雄辩的对手，每天口含石子，面对大海朗诵，不管春夏秋冬，坚持五十年如一日，连爬山、跑步也边走边作演说，终于成为全希腊一位最有名的演说家。中国宋代学者朱熹也讲过这样一个故事：福州有一个叫陈正之的人，反应相当迟钝，读书的时候，每次只读五十个字，一篇小文章也要读一二百遍才能读熟。可是他不懒不怠，勤学苦练，别人读一遍，他就读三遍，天长日久，知识与日俱增，后来终于"无书不读"，成为一个博学之士。这说明，即使有些人天资比较差，反应比较迟钝，只要有勤奋好学的精神，同样也是可以弃拙为巧，变拙为灵的。

实践证明，一个人知识的多寡，关键在于勤奋程度如何。懒惰者，永远不会在事业上有所建树，永远不会使自己变得聪明起来；唯有勤奋者，才能在无限的知识海洋里获得真知，才能不断地开拓知识领域，使自己变得聪明起来。高尔基说过："天才出于勤奋。"卡莱尔也说过："天才就是无止境刻苦勤奋的能力。"这就是说，只要我们勤，就一定能在艰苦的工作中赢得事业上巨大的成就。我想每一个渴望能得到真知灼见的人，是一定能够体会到"勤"的深刻含义的。

1. 本文要论述的中心论点是什么？

   答：＿＿＿＿＿＿＿＿＿＿＿＿＿＿＿＿＿＿＿＿＿＿＿＿＿＿＿＿＿＿＿。

2. 本文主要采用了什么论证方法？

   答：＿＿＿＿＿＿＿＿＿＿＿＿＿＿＿＿＿＿＿＿＿＿＿＿＿＿＿＿＿＿＿。

3. 本文作者是怎么证明"勤出成果"的？

   答：＿＿＿＿＿＿＿＿＿＿＿＿＿＿＿＿＿＿＿＿＿＿＿＿＿＿＿＿＿＿＿

   ＿＿＿＿＿＿＿＿＿＿＿＿＿＿＿＿＿＿＿＿＿＿＿＿＿＿＿＿＿＿＿。

4. 本文作者是怎么证明"勤出智慧"的？

   答：＿＿＿＿＿＿＿＿＿＿＿＿＿＿＿＿＿＿＿＿＿＿＿＿＿＿＿＿＿＿＿

   ＿＿＿＿＿＿＿＿＿＿＿＿＿＿＿＿＿＿＿＿＿＿＿＿＿＿＿＿＿＿＿。

5. 用下面词语造句：

   (1) 业精于勤　　　　　(2) 精深造诣

   (3) 通宵达旦　　　　　(4) 概莫能外

   (5) 不懒不怠　　　　　(6) 与日俱增

   (7) 博学之士　　　　　(8) 弃拙为巧

   (9) 变拙为灵　　　　　(10) 真知灼见

（三）生活中需要思索

① 记得马克思的座右铭是"思考一切"。这句话告诉我们，生活中需要思索。

② 翻开中外五千年的历史画卷，不难发现，大凡有过卓越成就的人，都与"思索"结下不解之缘。科学巨匠爱因斯坦，在牛顿提出天体运动方面的定律之后，经过自己反复思索和实验，终于创造了震惊世界科坛的"狭义相对论"。爱迪生在试制电灯的过程中，经受了几万次试验的失败，终于成功了。从某种意义上讲，他的成功就是思索的结果。《论语》中说："学而不思则罔，思而不学则殆。"可见，思索是何等的重要。凡事思索了再做，做起来就会得心应手。这种例子是不胜枚举的。

③ 那么,青年人面对生活是否也要注重思索呢?答案也应该是肯定的。

④ 青春是短暂的,但它却是人生道路上的一个重要阶段。在青年时期,一个人要审慎地思索人生的意义,探索生活的道路。走好这一步,在人的一生中具有十分重要的意义。就这一点来说,青年更需要思索。

⑤ 如今,我们已经跨进新世纪的门槛,面临社会经济转型。面对现代产业和高新技术,我们将会遇到许多不甚了解甚至是全新的问题。时代在向我们挑战,青年人任重而道远,不思索行吗?

⑥ 我们可以毫不夸张地说,失去思索的生活是平庸的、僵化的生活。一生中只知道吃饭、睡觉而不会思索的人,无异于一具行尸走肉。思索,不是胜利的附庸,而是成功的前奏。它能驱散意识中的迷雾,融化灵魂中的冰霜,把我们引向无比幸福的明天。

1. 本文的中心论点是_____,运用的论证方法有_____。

2. 第②段举了几个论据(具体说明)?得出的结论是什么?

   答:_____
   _____。

3. 第③段带问号的一句属于_____句,在文中的作用是_____。

4. 画出文章中从反面论证中心论点的句子。

八、你认为下面这篇作文在标点使用、词语搭配、语句表达以及论点、论据和论证上有哪些问题,并加以修改:

我对跳槽的看法

这几年来,社会上跳槽的现象越来越普遍起来。年轻人为了追求自己的梦想,找到真正适合自己的位置而不断地更换着工作。在日本,经常换工作的人不能给别人好的印象。因为这好像是他自己没有能力,连一个工作也不能踏踏实实地干好。虽然近几年来这个观念有所改变,但是大部分人还会觉得"跳槽"不是一件好事。

有句俗话说:"滚动的石头上不长苔藓。"它的本意可以理解成任何事情都应该稳稳当当地坐下来做,不然什么也学不到, 也不能获得大的成就。按照这个意思,他们可以认为经常换工作的人不能有稳定的生活。但我觉得这是不对的。

  我认为跳槽对于年轻人的发展可以说是利大于弊。年轻人为了追求和实现自己的梦想,可以在不断的跳槽过程中学习到各方面的知识,成为多方面的复合型人才,给提高自己的能力创造了一个很好的机会。而且那句俗语还可以理解成另一种意思:总是在活动的人不会落后于时代。跳槽是一个能发展自己的好机会。自己有能力的人更不该错过这个机会。条件更好的单位需要他,为什么不去那儿工作呢?

  不过跳槽总是带一些"冒险性"。跳槽以后的工资、工作条件等不一定比原来的好。那样在经济上就会影响到生活,还会影响到对工作的干劲和热情。如果跳槽了,那么后悔也就来不及了。我认识的一位女士大学毕业后在大公司上班。虽然她在那儿干得不错,和同期大学毕业的女生比起来工资也高得多,但是她一直对这个工作不能产生任何兴趣。于是她大胆地跳槽了。跳槽以后,她的工资虽然没有以前那么好,不过她却一点儿也不在乎。因为现在的工作对她来说,确实很愉快,也让她感到体现出了自身的价值。

  不过对于有抚养家属压力的中年人来说,跳槽是没有年轻人那么容易的。他们需要家人的理解,在家人的支持下,才能专心地工作。

  我觉得只要我们有明确的目标、切实的计划、坚定的信心和信念,"跳槽"这件事情无论对于个人还是对于社会都是有好处的。

九、列举充分的论据来完成下面两篇议论文:

(一)天才出于勤奋

  高尔基说:"天才出于勤奋。"卡莱尔说:"天才就是无止境的、刻苦勤奋的能力。"中国著名数学家华罗庚也说过:"只有不畏攀登的采药者,只有不畏巨流的弄潮儿,才能登上主峰采到仙药,深入水底觅到骊珠。"这些都说明,只有勤奋才能成功。

大量事实证明,勤奋是成功的重要保证。俗话说得好:"一勤天下无难事。"也就是说只要勤奋,就没有办不到的事。所以,同学们,特别是留学生同学们,勤奋吧,成功在等着你。

(二) 谈自信

自信,从字面上看,就是自己相信自己的能力,自己有信心。这是成功者不可缺少的素质,没有坚定的自信心,就难以成就伟大的事业。

_____

_____

_____

_____

前进的道路不会是一帆风顺的,在通往胜利的道路上充满着坎坷。不要害怕跌倒,它只会使你的脚步更踏实、矫健;不必担心失败,失败乃是成功之母。无论遇到怎么样的困难,只要我们牢牢记住:信心是力量的源泉。只有自信,才能把握机遇;只有自信,才能走出困境。相信最终我们一定能取得成功。

十、阅读下面两篇短文,并自拟题目,分别写一篇不少于800字的议论文:

(一) 公款请客要纳税

前些时候,我们一行赴美国休斯敦市饮料制造公司考察,与该公司洽谈设备工艺等事宜。签订合同之后,我们便以公司名义邀请对方共进晚餐。结账时,收银员和颜悦色地对我们说:"先生,在美国,用公款请客,是要征收50%的税金的,而且要在餐后的两小时内缴纳,因此,请您拿着这张发票到这儿的税务局纳税。如果您不去,我们有义务向税务局报告。"说到这儿,她的声音放轻了一些,说:"我们这儿常有一些用公款请客的外国人,餐后忘记或不愿去缴纳税金,结果在五小时内被查出,并以漏税罪受到重罚。要知道,这里所有的酒店和餐馆,都和税务局、警察局连着网呢。"我们非常诧异,花自己国家的钱,请你们国家的人吃饭,还要交纳税金?但我们还是"入乡随俗",遵守"山姆大叔"的法律,赶紧下楼,拦了一辆出租车,开往税务局……

（二）赵树理的家信

20世纪60年代初，中国正处于三年困难时期。作家赵树理的大儿子赵广元，当时担任山西省芮城县县委宣传部部长，工资每月五十多元，由于家庭人口多，粮食定量又少，生活比较困难，他就给正在北京的赵树理写信，希望父亲接济一些钱，信写得很简练："父：钱！儿。"没想到，赵树理接到信后，马上回信，信写得也很简练："儿：零！父。"为什么赵树理没给钱呢？赵树理是个大作家，除了每月有工资外，还有稿费收入，他不是舍不得钱，他曾慷慨解囊，资助拍摄影片《三关排宴》。现在他认为儿子已经长大成人，参加工作了，应该自立，不应该依赖父母。由此可见，赵树理对子女的要求还是很严的。

十一、汉语水平考试(高等)作文模拟试题：

1. 考试题目：谈"货比三家"
2. 书写要求：全部用汉语书写（也可以用繁体字），每个空格写一个汉字，汉字书写要清楚工整。标点符号要正确，每个标点占一个空格。
3. 字数要求：400—600字。
4. 文体格式：议论文。
5. 考试时间：30分钟。

附：

论据资料

一、论时间

道理论据

时间就是生命，时间就是速度，时间就是力量。

——郭沫若

要学习的时间是有的，问题是我们愿不愿意挤，愿不愿意钻。

——雷锋

莫等闲，白了少年头，空悲切。

——岳飞

世界上最快而又最慢，最长而又最短，最平凡而又最珍贵，最容易被人忽视而又最令人后悔的就是时间。

——高尔基

时间就像海绵里的水一样，只要你愿意挤，总还是有的。

——鲁迅

时间是最公正合理的，它从不多给谁一分，勤劳者能叫时间留下串串的果实，懒惰者能让时间留予他们一头白发，两手空空。

——高尔基

善于利用时间的人，永远找不到充裕的时间。

——歌德

生命是以时间为单位的，无端地浪费别人的时间，其实无异于谋财害命；浪费自己的时间，等于慢性自杀。

——鲁迅

事实论据

决定命运的分分秒秒

生活中的分分秒秒，有时会决定一个人的命运。某公司想要招聘一位公关部经理。总经理与三位候选人分别约定了面试的时间。第一位提前半个小时来到了会客室，在那里左顾右盼，不停地看表。总经理认为他只会空空地等待时间，是一位不珍惜时间的人。第二位迟到了二十分钟，总经理早已拂袖而走，他不会因为一个迟到的人而耽误二十分钟的宝贵时间。而第三个人掌握了时间的重要性，不早不晚恰好在约定的时间打开了总经理的房门，毫无疑问他得到了这个位置。

珍惜时间就是珍惜生命、珍惜青春

珍惜时间就是珍惜生命、珍惜青春。爱因斯坦在散步时常常从口袋里掏出纸和铅笔记下想到的问题，阿塔纳索夫在喝啤酒时想起了引进电子技术的关键性步骤，希尔伯特一次看戏时突然想起一个数学难题的答案而从剧院退场,科尔利用三年的全部星期天揭开了数学界纠缠了二百年的难题,鲁迅利用喝咖啡的时间思索问题,华罗庚利用坐公共汽车和看戏的时间记录思想火花。

每天作五幅画

一代画家齐白石向来对时间十分珍惜。他有一句座右铭,就是"不叫一日闲过",并且把这句话写出来,挂在墙上以自勉。

为了不虚度光阴,真正做到"不叫一日闲过",齐白石九十多岁时,仍规定每天至少作五幅画。有时因为特殊原因,一天不能完成任务,第二天他一定多画几幅,以补昨天的"闲过"。

有一次,他过生日,由于他是一代宗师,来向他贺寿的学生朋友非常多,齐白石老人从早到晚迎来一批批客人,又送走一批批客人,一直忙个不停,直到深夜,才把最后一批客人送走。这时,齐白石老人已经相当累了,倒在床上不知不觉睡着了。第二天,他一早便爬起来,连早饭也顾不上吃,就直奔画室,拿起笔就画起来。他画完一幅,又画一幅,家里的人劝他:"你吃饭呀。"齐白石老人说:"别急,等画完五幅再吃饭。"

就这样,他坚持画完五幅才吃饭。一吃完饭,又继续埋头画画了。家里的人觉得奇怪,问他:"你不是画完五幅画了,怎么还要画呀?"齐白石笑着解释说:"昨天过生日,客人多,没有画画,今天多画几幅,是补昨天的'闲过'呀。"说完又认真地画起来。

鲁迅善于挤时间

鲁迅先生活了56岁,从事文化工作30年,给我们留下了670多万字的遗产。鲁迅一生能写出如此多的作品,与他善于"挤"时间是分不开的。早在幼年时,有一次,他上学迟到了,十分难过,为了给自己敲响警钟,他在自己的桌子上面刻了个"早"字,以鞭策自己不能迟到,不要虚度光阴。

鲁迅先生认为自己比较笨拙,无论做学问或干事情,效率都比不上天分较好的人,因此,他决心以勤奋赢得时间,把别人喝咖啡的时间都用在工作上。他说过,他的作品不是涌出来的,而是"挤"出来的。即使到了晚年,身体有病,但仍然坚持"挤"时间拼命地工作。1936年这一年,从8月1日至10月19日逝世为止,他一共给青年作者和友人写了93封信、14篇解释各种问题的文章。逝世前一星期,为了支持木刻艺术这一新鲜事物,他带病参观了第二次全国木刻流动展览会。逝世前三天,他为曹靖华的译作《苏联作家七人集》写了序。生命垂危时,还"挤"时间写日记。可见,"时间就像海绵里的水一样,只要你愿意挤,总还是有的"。

珍惜时间、刻苦攻读的富兰克林

晚上,别人去过夜生活,有的去赌博,有的去饮酒,有的去看戏,而富兰克林就留在狭小的住屋里读书。印刷所里的工人见他锲而不舍地昼夜读书,眼睛都熬红了,常常劝他出去玩玩,放松放松,他总是说:"读书是我唯一的娱乐。"就这样,他以孤灯为伴,度过了无数个不眠之夜,学到了文学、历史、哲学、社会学、理化和数学等各种知识,为他成为有世界影响的科学家做了准备。

二、珍惜友谊

道理论据

谁都会需要朋友,需要帮助。

——托尔斯泰

友情这个美好的字眼仿佛一支神奇的画笔,多少动人的画面由它产生。

——巴金

理解无疑是培养一切友情之果的土壤。

——威尔逊

人的生活离不开友谊,但要得到真正的友谊并不容易,友谊需要忠诚去播种,用热情去浇灌,用原则去培养,用谅解去护理。

——马克思

真正的朋友是一个灵魂寓于两个身体,两个灵魂只有一个思想,两颗心的跳动是一致的。

——托尔斯泰

朋友间必须是患难相济,那才能说得上是真正的友谊。

——莎士比亚

失去一个朋友有如损失一条肢体；时间可使创口的疼痛减轻，但失去的却永远不能补偿。

——萨迪

真挚的友谊犹如健康，不到失却时，无法体味其珍贵。

——培根

种瓜得瓜，种豆得豆，种下仁惠的友情，得到仁惠的友情。

——郭沫若

朋友也是说好话的多，所以真肯提你缺点的人倒是你难得的好友。

——盖叫天

没有真正朋友的人，是真正孤独的人。

——培根

事实论据

柳宗元求同存异

唐代文学家柳宗元和刘禹锡与韩愈之间，尽管在政治观点上和哲学思想上存在严重的分歧，柳、刘并对韩愈有过严厉的批评，但他们求同存异，相互支持，坚持并发展了友谊。特别是柳宗元与韩愈，相知至深，交谊至笃，他们在文学事业上的志同道合，为复兴古文，树立古文在文坛上的权威而并肩战斗的业绩，在中国文学史上写下了光辉的一页。著名的唐代古文运动，就是以韩、柳的名字和著作为旗帜的典范。

鲁迅和瞿秋白

周建人曾经写道："这两人的友谊确是生死之交。"鲁迅和瞿秋白之间极为坦率、开诚布公，没有一点儿虚伪。瞿秋白说："我们是这样亲密，没有见面的时候就这么亲密。这种感觉，使我对你说话的时候，像和自己说话一样，和自己商量一样。"他们两个经常进行批评和自我批评。瞿秋白常常直言鲁迅写作或翻译上用字用句不恰当的地方。鲁迅喜欢这种开门见山的态度。两人常常整夜畅谈对局势的看法，交换各自写的作品，互提意见。瞿秋白被蒋介石下令杀害后，鲁迅十分悲愤。他勉强支撑着病体，在肋膜积水，经常发烧到38℃以上，体重只剩下不足40公斤的困难情况下，亲自编辑和校对瞿秋白的遗著

《海上述林》,集资送往东京出版。他曾说过:"手中存有亡友的遗稿,就像捏着一团火,必得设法出版,传播开去,才得安宁的。"

领袖的友谊

马克思和恩格斯的友谊是自古罕见的。为支持马克思写《资本论》,恩格斯不得不忍受他十分厌恶的商人生活达 20 年之久,以维持马克思一家的生活。马克思则把《资本论》的写作成功归功于恩格斯。在几十年的风风雨雨中,他们互相理解,互相支持,互相帮助。他们是一对真诚的挚友。后人总是把他们的名字连在一起,他们的事业、思想、感情、生活是难以分割开的。

第九章 读后感

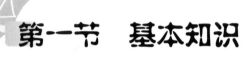

第一节 基本知识

一、什么是读后感

阅读一段文字、一篇文章或一本书之后,把自己的感受和得到的启示写成文章,就叫读后感。读后感属于议论文的范畴,但同一般议论文的写法有所不同。经常练习写读后感,可以促使自己认真读书,深入思考,既能提高阅读能力又能提高写作能力。

二、怎样写读后感

1. 要读懂原作。读懂原作,是写好读后感的前提。读后感的"感"是在"读"的过程中产生的,忽视"读",就不可能深刻体会原作的精神实质,也无法对原作真正有所感受,写起文章来就会浮于表面,缺乏真情实感。所谓"读懂",就是要全面、正确地理解原作,不放过任何一个疑难问题。只有真正读懂了原作,才能在动笔写的时候紧扣原作,抓住要点,不至于犯离开原作乱说一通的毛病。如果是议论文,应当确切理解原作的基本精神和主要论点;如果是记叙文,必须抓住主要的人和事件。只有做到这些,才能有感而发。

2. 要选准角度。读了原作后,得到的感受可能是多方面的。这就要在思考、分析的基础上,加以选择,确定一个合适的角度,选择最有独特的感受来写。这样才不至于面面俱到,中心模糊,或者泛泛而论,空洞无物。

3. 要善于联想。一篇优秀的读后感,往往有发人深思的独到见解,使读者获得有益的启迪。这其中的关键就在于作者联想的能力。联想,可以联系自己的实际,也可以联系社会现实,还可以联系历史上的人和事。联想应当扣住原作,否则就会东拉西扯,漫无边际。由于"联"是"感"的深化和延伸,只有把这部分写好了,文章才有针对性,才有现实意义。因此,联想部分的内容在读后感中的分量往往是最重的,一定要高度重视。

总之,读后感的写作可归纳为:"读"是基础,"感"是重点,"联"是关键,应紧扣原作的中心和重点。

三、读后感的结构特点

读后感的结构要体现由"读"到"感"交错结合的特点。一般都呈现"引—议—联—结"的结构框架。"引"就是引述原作,根据需要引原作的观点,或引原作的内容;"议"就是议论发挥,以引述原作的观点或概括原作内容所体现出来的观点为基本点,生发开去,阐述自己的看法;"联"就是联系实际,在原作的基础上,由此及彼地联系现实生活中相类似或相反的现象,联系有关的种种问题;"结"就是得出结论,从说明原作给人什么启示的角度提出看法,总结全文。需要指出的是,除"结"之外,其余部分的次序是不固定的,可以灵活掌握。例如,在写作时,可以把"联"的部分提到文章的开头来写,从社会中的某些现象谈起,自然地引出"读"和"感"来。只要大家按文体要求写,并把自己的感受明明白白地告诉别人,就可以说写出了像样的"读后感"。

四、读后感的常见毛病

写读后感,常见的毛病归纳如下:

1. 主次颠倒,以"叙"代"感"。读后感,应当以"感"为主。在读懂的基础上,着重谈体会。读后感开头的"引"可直接引述,也可间接引述。不管哪种引述,都应简明精练,只要能起到引出观点、证明观点的作用就可以了,过多、过长,会削弱"感"的主体地位。

2. 结构松散,没有重点。读完一段文字、一篇文章或一本书,往往会产生很多感想。拿起笔来什么都写,结果文章松散,没有中心。

3. 泛泛而谈,感想肤浅。立意新颖,这是对议论文的基本要求。读后感也应当如此。只流于"观点加材料"式的表达方式,就会写得肤浅,表面看来,层次虽然清晰,但没有什么让人回味的地方。

4. 千篇一律,方式呆板。前面提到,读后感一般按"引—议—联—结"的思路安排文章结构。但是,如果千篇一律,就会让人感到单调乏味。因此,我们在写作的时候,应灵活掌握其顺序。

第二节 例 文

(一) 读《画蛋》有感

俗话说:"名师出高徒",这话确实不假。依我看,这原因有二:其一是师之教有方;其二是徒之学不息。离开了这两条,既称不上"名师",也出不了"高徒"。名画家佛罗基奥手下出了一代宗师达·芬奇,便是很好一例。 开篇就写出自己的感想。

当达·芬奇投师于佛罗基奥时,佛罗基奥没有首先教他创作作品,却要他画蛋,这是佛罗基奥与一般老师不同之处。十几天只是画蛋,达·芬奇自然是不耐烦了,这时,那位名画家才告诉他画蛋的意义所在。他的目的是严格训练学生细致观察与准确描绘形象的能力,这正是佛罗基奥的"有方"。这"有方",使达·芬奇获得成功。 概括、简练地引用原文。这是提出感想的依据。

我也曾有过一位"有方"的老师,不过她不是什么有名的人物,只是一个大我几岁的女孩子。几年前,我请她教我拉小提琴,她先问我做事有无耐 联系自己失败的教训,深化感想。

第九章　读后感

心,我不明白她的意思,自然是回答"有"。开始学习时,她先给我作了示范,看着她那娴熟的动作,我真羡慕。可轮到我时,她却让我拉空弦。几天过去了,她给我的任务还是如此。她告诉我,拉空弦是基础,只有练到运弓自如了,才可拉曲子。现在想想,她这话实在有理。是的,她不是什么名家,却是个会做老师的人。

接着,我又拉了几天空弦,听到的总是那单调的"拉拉"的声音,哪有一点儿我为之陶醉的乐声呢?我一烦之下,一弓挑断了琴弦,发誓再不学了,于是我的提琴只好休息了。由此我想到,师固然要"有方",更重要的是徒要不怠。达·芬奇的成功,关键就在这里。佛罗基奥讲清了道理之后,他便刻苦练习,用心学习,经过长期艰苦的艺术实践,他终于创作出许多不朽的作品。而我的失败,恰恰就在这里。这时我才感到,怕艰苦,在困难面前懈怠,终究是要失败的。

学习艺术是这样,文化知识的学习也是如此,要从一点一滴的细微之处学起,只有打好基础才能学出成绩。 _{这里的过渡段写得自然。}

我羡慕作家,喜欢写作,老师却要我天天写札记,把所见所闻的小事都记下来。当时我不明白老师的意思,只是按照要求做了。现在,当我翻着那一本本札记时,才悟出了老师的用意,她是让我积累材料,一点一点地提高啊!所以,我在写作上的进步——虽然它微小,都是老师教之有方和自己没有懈怠的结果。 _{联系自己成功的实际,深化感想。}

达·芬奇画蛋直至学画成功和我的失败与进步,都说明不仅教者要有方,学者更应不怠。这两方面的因素结合起来,还能有什么知识学不会,有 _{结论进一步强化了自己的感想。}

什么事情做不好呢!

(选自《中国高中生同题作文精品大全》,作者:盖考声,有改动)

生 词 语

1. 名师	míngshī	（名）	有名的教师或师傅。
2. 高徒	gāotú	（名）	水平高的徒弟。泛指有成就的学生。
3. 有方	yǒufāng	（动）	（做事）方法得当。
4. 手下	shǒuxià	（名）	部下;下级。
5. 一代	yídài	（名）	一个时代。
6. 宗师	zōngshī	（名）	指在思想或学术上受人尊崇而可奉为楷模的人。
7. 投师	tóushī	（动）	从师学习。
8. 创作	chuàngzuò	（动、名）	①创造文艺作品。②指文艺作品。
9. 描绘	miáohuì	（动）	描画。
10. 小提琴	xiǎotíqín	（名）	violin
11. 耐心	nàixīn	（名、形）	①不急躁、不厌烦的心情。②能在长时间里不急躁、不厌烦。
12. 示范	shìfàn	（动）	做出某种可供大家学习的典范。
13. 娴熟	xiánshú	（形）	熟练。
14. 弦	xián	（名）	乐器上用来发音的丝线或金属线。
15. 运弓自如	yùngōngzìrú		灵活顺畅地拉动弓子。
16. 曲子	qǔzi	（名）	tune (of a song)。
17. 陶醉	táozuì	（动）	很满意地沉浸在某种境界或思想活动中。

18. 不朽	bùxiǔ	（动）	永不磨灭（多用于抽象事物）。
19. 懈怠	xièdài	（形）	松懈懒惰。
20. 终究	zhōngjiū	（副）	终归；毕竟。
21. 一点一滴	yìdiǎnyìdī		指极少的量。
22. 细微	xìwēi	（形）	细小；微小。
23. 札记	zhájì	（名）	读书时所记的心得、体会或摘记的要点。
24. 悟	wù	（动）	领会；了解。
25. 因素	yīnsù	（名）	构成事物本质的成分；决定事物成败的条件或原因。

简析

　　读后感的写作一般都呈现"引—议—联—结"的结构框架，这篇作文充分体现了这一文体的特点。

　　文章首先发表了自己的感想：名师出高徒，而这感想是从原文里生发出来的。紧接着又联系了自己失败与成功两方面的实际，从而十分有说服力地证明了"名师出高徒"的原因。

　　本文论述层层深入，说服力很强。

附　　画　蛋

　　达·芬奇(1452—1519)是欧洲文艺复兴时期意大利一位卓越的画家。他从小爱好绘画，父亲送他到当时意大利的名城佛罗伦萨拜名画家佛罗基奥为师。老师不是先教他创作什么作品，而是要他从画蛋入手。他画了一个又一个，足足画了十几天。老师见他有些不耐烦了，对他说：不要以为画蛋容易。要知道，一千个蛋当中从来没有两个是形状完全相同的；即使是同一个蛋，只要变换一下角度去看，形状也就不同了。比方说,把头抬高一点看,或者把眼睛放低一点看,这个蛋的椭圆轮廓就会有差异。所以,要在画纸上把它完美地表现出来,非得下一番苦功不可。佛罗基奥还说:反复地练习画蛋,就是严格训练细致地观察形象,用手准确地描绘形象;做到手眼一致,不论画什么就都能得心应手了。后来芬奇用心学习素描,经过长期的艰苦的艺术实践,终于创作出许多不朽的名画,成为一代宗师。

(二) 读《团结就是力量》有感

　　常常听到这样的话:"人多力量大","众人拾柴火焰高"。这都是在说明一个不变的道理,那就是团结就是力量。

由有关俗语引出自己的感想:"团结就是力量"。

　　"团结就是力量"这句话大家都听说过,但是对它的理解和运用就不大相同了。有这样一个故事,讲的是一个农夫有好几个儿子,他们很不团结。农夫决定在临死前给儿子们上一次课。他叫儿子们试着折断一束木条,当然他们都做不到。然后,农夫让他们每次折一根,这次,儿子们都轻松地折断了。于是,农夫告诉儿子们应从折木条中吸取教训,只要互相团结,和睦相处,就会像这一束木条一样,坚实牢固。

很自然地引入故事。

　　日本著名的汽车公司——尼桑公司和丰田公司,都拥有巨额的资产和很强的生产能力,在这方面,两家公司是不相上下的。就人才而言,尼桑公司的领导者大都是名牌大学的毕业生,而丰田公司则不是。这就是说尼桑公司的人力资源要优于丰田公司,然而,尼桑公司却因破产而被法国一家汽车公司收购了。原因是什么呢?就是因为尼桑公司的领导不团结,产品不能更新,连年亏损,结果被他们的对手——丰田公司——打败了。连农夫都明白的道理,难道尼桑公司的领导们不懂吗?我

联系实例说明团结的重要。

第九章 读后感

看不一定,只是他们不懂得运用到工作中去。

如果能够真正理解"团结就是力量"的道理,并能在实际工作和生活中灵活运用,那么我们还有什么事情做不成功呢?

> 结尾用反问句进一步强调"团结就是力量"的道理。

(作者:韩五铭,有改动)

生 词 语

1. 众人拾柴火焰高	zhòng rén shí chái huǒyàn gāo		大家动手捡柴火,柴火多了,火焰就旺,功效就比喻人多心齐力量大。
2. 束	shù	(量)	用于捆起来的东西。
3. 教训	jiàoxun	(动、名)	教育训诫;从错误和失败中取得的知识。
4. 和睦	hémù	(形)	相处融洽友爱;不争吵。
5. 牢固	láogù	(形)	坚固;结实。
6. 巨额	jù'é	(名)	很大的数量(多指钱财)。
7. 灵活	línghuó	(形)	善于随机应变;不拘泥。

简析

这篇文章的结构符合读后感的写作要求。第一自然段写明自己的感想,第二自然段引述《团结就是力量》的故事大意,第三自然段联系实际深化了自己的感想,第四自然段用反问句进一步强调"团结就是力量"的道理。

整篇文章结构紧凑,条理分明,层次清楚,语句通顺、流畅。值得一提的是,作者在语句运用上是下了一番工夫的。文中两处用了反问句,这就加强了说服力。

附 **团结就是力量**

从前,有个农夫,他有好几个儿子。尽管老头儿设法使儿子们互相爱护、和睦相处,可是他们总是吵个不停,他们根本不听老头儿的话。老头儿到了快去世的时候,把儿子们召集到面前,并决定给他们上一次课。他拿出来一束木条,把它们紧紧地捆在一起。"你们来把这些木条折断。"老头儿说。每个人都试了试,但是所有的人都没能折断这些紧紧捆着的木条。然后老头儿又把木条解开,每次只给他们一根,并说:"现在你们再来一根一根地折这些木条。"当然每个儿子都毫不费力地折断了分散的木条。

"孩子们,"老头儿说,"你们要从折木条中吸取教训呀!当你们吵架时,你们像分散的木条,非常脆弱。你们的敌人会一个个击败你们的。如果你们团结互助,和睦相处,你们就像那束捆着的木条,坚实牢固,无法折断。"

从此,这些儿子再也不吵架了。

(三)读《野鸭的故事》有感

在一个偶然的机会,我读了《野鸭的故事》,受到了很大的启迪。

一个热爱大自然的好心人,见野鸭每年南飞,异常辛苦,便带着饲料到池塘边去喂野鸭。野鸭由于有了足量的食物,就不急于南飞了。几年以后,一些野鸭不仅不再南飞,而且,在好心人的精心喂养下,变得又胖又懒,连飞也飞不起来了。

> 从原文引出野鸭每年不南飞的原因和后果。

这故事告诉我们这样一个道理:好的生存环境,往往使有些人变得懒惰、愚蠢。

中国古代的思想家孟子曾说过这样一句话:"生于忧患,死于安乐。"意思是说,当一个国家存在着内忧外患之时,这个国家往往会更好地生存

> 引出作者的感想:"好的生存环境,往往使有些人变得懒惰、愚蠢。"

第九章 读后感

和发展下去；当一个国家安乐祥和、歌舞升平之时，这个国家往往很快就会灭亡。其中的原因不复杂：在好的环境下，人们放松了警惕，整日醉心于享乐之中，不再注意学习和发展，久而久之，不仅人无斗志，国家也会坐吃山空，不灭亡倒显得怪了。

> 联系一个国家的实际，对自己的感想加以深化。

国家如此，人也如此。在我们周围，"野鸭的故事"还时有出现。某报载，某重点中学学生，因为学习成绩优异，国家要保送他出国留学，但该生家庭生活条件太优越了，二十岁的人连洗衣服一类的家务活也不会干，生活不能自理，出国留学也因此作罢。更有甚者，某中学生在一次野餐时，由于找不到熟鸡蛋的"缝"，无法剥去蛋壳，就吃不到鸡蛋。这些令人啼笑皆非的事实无不说明：我们这代人的生活条件比我们的父辈、祖辈的确好多了，但我们中的某些人由于坐享其成，也渐渐变成不再有南飞志向的"野鸭"了。这是很危险的！

> 联系实际，对自己的感想加以深化。

前几年，中国部分学校把挫折教育引进校园、家庭，目的是让学生清醒地认识到这一点并且立刻行动起来，跳出自己良好的生活环境，主动地、自觉地经受一些磨难，使自己变得坚强起来。这样，"野鸭的故事"就不会再在我们这代人身上出现了。

> 最后作"结"：应主动、自觉接受挫折教育，使自己变得坚强起来。

(选自《分类作文大全》，作者：钟雪省，有改动)

生 词 语

1. 启迪　　　qǐdí　　　（动）　启发；开导。
2. 内忧外患　nèiyōuwàihuàn　　内外同时存在的忧虑和祸患。多指既有国家内部的不安定又有外来侵犯。

3. 歌舞升平	gēwǔshēngpíng		唱歌跳舞,庆祝太平。多形容太平盛世。
4. 警惕	jǐngtì	(动)	对可能发生的危险情况或错误倾向保持敏锐的感觉。
5. 醉心	zuìxīn	(动)	对某种事物有强烈兴趣而沉浸其中。
6. 久而久之	jiǔ'érjiǔzhī		过了很长时间。
7. 斗志	dòuzhì	(名)	战斗的意志。
8. 坐吃山空	zuòchīshānkōng		只是消费而不从事生产,即使有堆积如山的财物也会消耗完。
9. 保送	bǎosòng	(动)	由国家、机关、学校、团体等保荐去学习。
10. 作罢	zuòbà	(动)	停止进行;取消原来的打算。
11. 蛋壳	dànké	(名)	蛋的外壳。
12. 啼笑皆非	tíxiàojiēfēi		哭也不是,笑也不是。形容既令人难受又令人发笑。
13. 坐享其成	zuòxiǎngqíchéng		自己不出力而享受别人的劳动成果。
14. 磨难	mónàn	(名)	在困苦的境遇中遭受的折磨。

简析

这篇文章体现了读后感的一般写法。开头先概括地介绍所给材料的大意,接着摆出自己的感想:好的生存环境,往往使人变得懒惰、愚蠢。文章写到这里应该说关键部分有了,下面就是构思重要部分:联系实际。作者在这里用了很多笔墨,从国家联系到个人实际,对自己的感想加以深化。最后作结:"应主动地、自觉地经受一些磨难,使自己变得坚强起来。"

文章观点明确,层次清楚,有说服力。

野鸭的故事

一个酷爱大自然的人,每年十月间要去看野鸭南飞的景观。有一年,他大发慈悲,带着饲料,到那里的池边去喂野鸭。几年以后,有些野鸭不仅不再南飞过冬,而且变得又胖又懒,连飞也飞不起来了。

人们可以很容易地驯服野鸭,但是,要把驯服的鸭子再变成野鸭就很困难了。

(四)永远温馨的母爱
——读《我的母亲》

一间矮小的老屋,一把旧的八仙椅,一双严肃的眼神,一张慈爱的面孔,一位伟大的母亲形象定格在我的脑海中。 _{连用四个排比句,开头不凡。}

是啊,人世间没有比母爱更温馨的感情了。丰子恺先生在《我的母亲》一文中,抒写了从母亲身上感受到的慈爱,表达了对那份永远温馨的母爱的怀念之情。读完这篇文章,我想到了我的母亲。 _{先对原书作一评述,再联系现实。}

我的母亲是个普通的农民,农事的操劳和家务的料理使她过早地苍老了。头发已经泛白,额头堆满皱纹,脊背已见微驼……可是她一直用温馨的母爱呵护着我,母爱伴着我走过了十八年的人生旅程。 _{描写母亲的头发、额头、脊背。话虽不多,但抓住了人物的特征。}

上大学后,我一直住校。那次放假回家,见母亲正往挂历上画什么,一再追问才知道,母亲每天劳作归来,第一件事就是在挂历上画上一笔,用来计算我离家的日子。她是那么想念儿子,却只能用这跳动的符号来倾诉对孩子的爱。 _{这一事例表现出母亲对孩子的爱。}

我家院子里有一棵小樱桃树,每年都结那么可数的几颗樱桃。但每年我放假回家,老远就看到 _{将"樱桃"比作母亲的心,形象逼真。}

45

枝头鲜红的樱桃。要知道,每年暑假都过了吃樱桃的季节。那伸手可得的樱桃红得那么鲜艳,那分明就是母亲的一颗心啊!

还能写什么呢?还需要再写什么吗?在别人的眼中,我的母亲实在太平凡、太普通了。可在我心中,母亲永远是伟大的,母爱永远是温馨的。温馨的母爱将是我勤奋学习的最大鞭策,将是我工作上进的动力源泉。

母爱是我们头顶的一片天,天高云淡该是我们最幸福的时刻!在前进的路上,让我们心中永远装着那份温馨的母爱!愿我们永远对得起那份温馨的母爱!

> 歌颂母爱,抒发感情。

(作者:原野)

生 词 语

1.	母爱	mǔ'ài	(名)	母亲对子女的爱。
2.	慈爱	cí'ài	(形)	(年长者对年幼者)仁慈而充满怜爱之情。
3.	定格	dìnggé	(动、名)	①泛指确定在某种状态、格式、标准上。②固定不变的格式。
4.	脑海	nǎohǎi	(名)	指脑子(就思想、记忆的器官说)。
5.	抒写	shūxiě	(动)	表达和描写。
6.	农事	nóngshì	(名)	各种农业生产活动。
7.	苍老	cānglǎo	(形)	(面貌、声音等)显出老态。
8.	泛白	fàn bái		透出白发。
9.	驼	tuó	(动)	(背)弯曲。
10.	呵护	hēhù	(动)	保护;爱护。

第九章　读后感

11. 旅程	lǚchéng	（名）	旅行的路程。
12. 倾诉	qīngsù	（动）	把心里话全说出来。
13. 樱桃	yīngtáo	（名）	cherry
14. 鞭策	biāncè	（动）	用鞭和策赶马。比喻督促。
15. 动力	dònglì	（名）	比喻推动工作、事业等前进和发展的力量。
16. 源泉	yuánquán	（名）	水源。比喻力量、知识、感情等的来源或产生的原因。
17. 天高云淡	tiāngāoyúndàn		天空高远,云彩稀薄。这里指家庭和谐。

简析

这是一篇情真意切的读后感。作者认真地阅读和分析了丰子恺的《我的母亲》,有感而发,联想到自己的母亲。对母亲的肖像描写,虽是粗线勾勒,却也抓住了特点,使一位因过度操劳而提前衰老的母亲形象跃然纸上。作者选取的两个事例都很感人,也很独特,"挂历上跳动的符号"和"枝头鲜红的樱桃"很有代表性地表达了母亲的一片爱子之心。结尾,作者真情地赞美了母亲,作者的感想得到了升华。

附　我的母亲

中国文化馆要我写一篇《我的母亲》,并寄我母亲的照片一张。照片我有一张四寸的肖像,一向挂在我的书桌的对面。已有放大的挂在堂上,这一张小的不妨送人。但是《我的母亲》一文从何说起呢?看看母亲的肖像,想起了母亲的坐姿。母亲生前没有摄取坐像的照片,但这姿态清楚地摄入在我脑海中的底片上,不过没有晒出。现在就用笔墨代替显影液和定影液,把我母亲的坐像晒出来吧:

我的母亲坐在我家老屋的西北角里的八仙椅子上,眼睛里发出严肃的光辉,口角上表出慈爱的笑容。

老屋的西北角里的八仙椅子,是母亲的老位子。从我小时候直到她逝世前数月,母亲空下来总是坐在这把椅子上,这是很不舒服的一个座位:我家的老屋是一所三开间的楼厅,右边是我的堂兄家,左边一间是我的堂叔家,中央一间是我家。但是没有板壁隔开,只拿在左右的两排八仙椅子当作三份人家的界限。所以母亲坐的椅子,背后凌空。若是沙发椅子,三面有柔软的厚壁,凌空原无妨碍。但我家的八仙椅子是木造的,坐板和靠背成九十度角,靠背只是疏疏的几根木条,其高只及人的肩膀。母亲坐着没处搁头,很不安稳。母亲又防椅子的脚摆在泥土上要霉烂,用二三寸高的木座子衬在椅子脚下,因此这只八仙椅子特别高,母亲坐上去两脚须得挂空,很不便利。所谓西北角,就是左边最里面的一只椅子。这椅子的里面就是通过退堂的门。退堂里就是灶间。母亲坐在椅子上向里面顾,可以看见灶头。风从里面吹出的时候,烟灰和油气都吹在母亲身上,很不卫生。堂前隔着三四尺阔的一条天井便是墙门。墙外面便是我们的染坊店。母亲坐在椅子里向外面望,可以看见杂沓往来的顾客,听到沸反盈天的市井声,很不清静。但我的母亲一向坐在我家老屋西北角里的这样不安稳,不便利,不卫生,不清静的一只八仙椅子上,眼睛发出严肃的光辉,口角上表出慈爱的笑容。母亲为什么老是坐在这样不舒服的椅子里呢?因为这位子在我家中最为冲要。母亲坐在这位子里可以顾到灶上,又可以顾到店里。母亲为要兼顾内外,便顾不到座位的安稳不安稳,便利不便利,卫生不卫生,和清静不清静了。

我四岁时,父亲中了举人,同年祖母逝世,父亲丁艰在家,郁郁不乐,以诗酒自娱,不管家事,丁艰终而科举废,父亲就从此隐遁。这期间家事店事,内外都归母亲一人兼理。我从书堂出来,照例走向坐在西北角里的椅子上的母亲的身边,向她讨点东西吃吃。母亲口角上表出亲爱的笑容,伸手除下挂在椅子头顶的"饿杀猫篮",拿起饼饵给我吃;同时眼睛里发出严肃的光辉,给我几句勉励。

我九岁的时候,父亲遗下了母亲和我们姐弟六人,薄田数亩和染坊店一间而逝世。我家内外一切责任全部归母亲负担。此后她坐在那椅子上的时间愈加多了。工人们常来坐在里面的凳子上,同母亲谈家事;店伙们常来坐在外面的椅子上,同母亲谈店事;父亲的朋友和亲戚邻人常来坐在对面的椅子上,同母亲交涉或应酬。我从学堂里放假回家,又照例走向西北角里的椅子边,同母亲讨个铜板。有时这四班人同时来到,使得母亲招架不住,于是她用了眼睛的严肃的光辉来命令,警戒,或交涉;同时又用了口角上的慈爱的笑容来劝勉,抚爱,或应酬。当时的我看惯了这种光景,以为母亲是天生成坐在这只椅子上的,而且天生成有四班人向她缠绕不清的。

  我十七岁离开母亲,到远方求学。临行的时候,母亲眼睛里发出严肃的光辉,诫告我待人接物求学立身的大道;口角上表出慈爱的笑容,关照我起居饮食一切的细事。她给我准备学费,她给我置备行李,她给我制一罐猪油炒米粉,放在我的网篮里;她给我做一个小线板,上面插两只引线放在我的箱子里,然后送我出门。放假归来的时候,我一进店门,就望见母亲坐在西北角里的八仙椅子上。她欢迎我归家,口角上表出慈爱的笑容,她探问我的学业,眼睛里发出严肃的光辉。晚上她亲自上灶,烧些我所爱吃的菜蔬给我吃,灯下她详询我的学校生活,加以勉励,教训,或责备。

  我二十二岁毕业后,赴远方服务,不克依居母亲膝下,唯假期归省。每次归家,依然看见母亲坐在西北角里的椅子上,眼睛里发出严肃的光辉,口角上表现出慈爱的笑容。她像贤主一般招待我,又像良师一般教训我。

  我三十岁时,弃职归家,读书著述奉母。母亲还是每天坐在西北角里的八仙椅子上,眼睛里发出严肃的光辉,口角上表出慈爱的笑容。只是她的头发已由灰白渐渐转成银白了。

  我三十三岁时,母亲逝世。我家老屋西北角里的八仙椅子上,从此不再有我母亲坐着了。然而我每逢看见这只椅子的时候,脑际一定浮出母亲的坐像——眼睛里发出严肃的光辉,口角上表出慈爱的笑容。她是我的母亲,同时又是我的父亲。她以一身任严父兼慈母之职而训诲我抚养我,我从呱呱坠地的时候直到三十三岁,不,直到现在。陶渊明诗云:"昔闻长者言,掩耳每不喜。"我也犯这个毛病;我曾经全部接受了母亲的慈爱,但不会全部接受她的训诲。所以现在我每次在想象中瞻望母亲的坐像,对于她口角上的慈爱的笑容觉得十分感谢,对于她眼睛里的严肃的光辉,觉得十分恐惧。这光辉每次给我以深刻的警惕和有力的勉励。

(丰子恺)

第三节　留学生习作点评

（一）看图有感

　　尊重老人、孝顺父母这是一种美德①。父母对孩子的亲情是很深厚的,所以我们应该报答父母的恩情,不应该忘恩负义或恩将仇报去对父母②。

　　看这幅漫画时,我很吃惊了③。年轻人结婚就搬到新房子里,却老人搬到屋顶的小房子里④。上去只能靠搭在墙上的梯子,老奶奶在呼哧呼哧地向上爬呢。这幅画是在讽刺那些不孝顺父母的人。

　　日本有这样一个故事:从前有一个农民,他家里有四口人。他们是丈夫、妻子、孩子和奶奶。因为家里很贫穷,夫妻想出了一个坏主意,在山里丢下奶奶⑤。有一天深夜,丈夫背着母亲到山里去。到了山顶,他就把母亲丢在那里⑥,自己马上跑回来了⑦。但下山的时候⑧,他发现很多树枝搁在路上,原来他爬山的时候,母亲怕儿子迷路,就把树枝搁在路上做标志。他对母亲做了这么不道德的事,可母亲还怕他迷路。这时,他感到母亲对自己的亲情,毫不犹豫地回到山顶,背着母亲下山了。

　　我父母从小对我很唠叨⑨。尤其是我母亲。现在我不住在家里,母亲天天在电话里唠叨:要多穿点儿衣服,多喝点儿水,早睡早起,要努力学习等等……⑩。这些话都是为了我好。

　　尊重老人、孝顺父母是我们应该做的。如果你对父母恩将仇报,你心里肯定会不舒服的。同时你应该经常想到父母对自己的亲情⑪,经常想到父母对孩子多关心⑫,特别唠叨⑬,都是为了孩子好。父母对孩子有深厚的亲情才会这么做的。孩子知道了父母心⑭,就不会忘恩负义、恩将仇报了。

第九章 读后感

评改

① 应在"尊重老人、孝敬父母"后加逗号。
② 这句应改为"对父母不应该忘恩负义或恩将仇报"。
③ 删掉"了"。
④ 句中的"却"用在了主语前,位置错了。可改为"却让老人搬到屋顶的小房子里住"。
⑤ 有目的地做某事,应用"扔"。"在山里丢下奶奶"应改为"把奶奶扔在山里"。
⑥ "丢"应改为"扔"。
⑦ 这一句语义没表达清楚,应改为"自己马上往回跑"。
⑧ 删去"但",因为没有转折意味。
⑨ 删去"从小"。另外,句号应改为逗号。
⑩ "等等"和"……"作用相同,用一种就行了。
⑪ 删去"同时"。
⑫ "多"改为"的"。
⑬ "特别"一词用得不贴切,可改为"哪怕是"。
⑭ "知道"改为"理解"。

◆◆◆ **"知道"与"理解"的区别:**

"知道"指对事实或道理有认识;而"理解"常指对别人的立场、态度、想法、做法等充分了解或领会。例如:

(1) 我知道这些事应该怎么做。
(2) 这个道理他不是不知道。
(3) 她虽然没说明,我也知道她的意思。
(4) 他的怪脾气让人难以理解。
(5) 我的话你理解错了。
(6) 这篇课文太难了,学生肯定理解不了。

评语

作者试图按"引—议—联—结"的思路来安排这篇读后感的结构,但这四部分都写得不太到位,感想显得很肤浅。另外,有些语句不够通顺;联系实际的两个段落没交代清楚,比如那个农民背母亲上山时,母亲是怎么把树枝搁在路上的;最后的结论应该简明地总结全文。

(二) 读《塞翁失马》有感

这篇短文实在有意思。谁能想到丢了一匹马倒是好事?我感觉这篇小故事表示我们人的一生当中喜怒哀乐①。

一个人的人生实际上短不短②?当然很长。自然③一个人的生活当中④遇到许多许多⑤的问题。因为每个人的性格不一样,所以遇到困难的时候接受的方式也不一样。有的人可能生气⑥而好几天不能干别的事,有的人跟文章里的人那样⑦马上忘掉。哪个人的方法⑧更好吗⑨?肯定大部分人说后者⑩。虽然丢了很珍贵的东西,心情会一连好几天非常痛苦,什么事也不想做,但因为这个事能过去黄金那样的时间吗⑪?韩国一句俗话说:"东西如果来得容易,那么去得也快。"这句话的意思是没有费力得到的什么东西的话,也有容易丢掉的东西⑫。出什么事都按自己的想法判断好不好⑬。即使出了不好的事,也要认为这是以后将会有好事到来的预兆,如果能这样想,心情可以舒畅些,还不至于影响到别的事情。

人应该乐观地活着。从现实生活看来,乐观的人不但受到别人的欢迎,而且更容易跟别人打交道。如果小事也在乎,动不动生气,很难在社会里生活⑭。韩国一个故事中⑮,有一个女人,她有两个儿子,一个儿子生意卖雨伞,另外一个儿子卖鞋的人⑯。这双鞋是韩国古代穿的鞋⑰,所以只能穿阳天的⑱。妈妈每天都在担心,因为下雨的时候卖鞋的儿子不会生意,阳天的时候呢,卖雨伞的儿子不会生的意⑲。所以她每天担心,但有一天客人来了⑳,她跟客人说起儿子做生意的事。客人回答说:"那不是更好的事吗㉑?阳天儿子能卖鞋㉒,下雨的天也另外儿子能卖雨伞嘛㉓。"她听后每天高高兴兴㉔。就这样,觉得不好的事也变成好事了。

　　这篇文章告诉我们人应该怎样看待生活。其实这很简单,具有乐观生活的话肯定会高高兴兴的生活㉕。

评改

　　① "表示"一词应改为"说明"。另外,这句话没有说完,加上"是可以转化的"才对。
　　② 这句话改为:"人的一生长还是短?"
　　③ "自然"位于句首,作为全句的状语,后面加上逗号。
　　④ "遇到"前面加上"会",表示可能性。
　　⑤ "许多"的重叠式应为"许许多多"。
　　⑥ 在"生气"前面加上"因",与"而"前后照应,构成"因……而……"格式。如:
　　　　他因考试成绩不好而烦恼。
　　　　爱玲因路上堵车而迟到了。
　　⑦ "跟……那样"改成"跟……一样"或"像……那样"。
　　⑧ "方法"前加上定语"处理"。
　　⑨ 语气词"吗"改成"呢"。"吗"不能与疑问词"哪"共同出现在一个句子里。
　　⑩ 情态副词"肯定"放到"大部分人"后面。
　　⑪ "但因为这个事能过去黄金那样的时间吗?"改为"但能因为这个事而让黄金一般的时间白白过去吗?"把"能"提到"因为"前面。
　　⑫ 这句改为"没有费力就得到的东西,也容易失去"。
　　⑬ "出"后加"了",或改为"出现"。"好不好"改为"好还是不好"。
　　⑭ 介词短语"在社会里"改成"在社会上"。
　　⑮ 删去"中",加上"这样说道"。
　　⑯ 这句应改为"一个卖雨伞,另一个卖鞋"。
　　⑰ "这双鞋"指具体的某一双鞋,卖鞋的不是只卖一双鞋,所以应用量词

"种"。"韩国古代"与"穿"主谓搭配不当,改成"韩国人自古以来穿的鞋"。

⑱ 这一小句与前一小句因果关系不明显,不必用"所以"。"阳天"不是汉语词,改成"晴天"。"穿阳天"不合汉语语法,改成"在晴天穿"。整个小句改成"只能在晴天穿"。

⑲ "生意"是名词,前面应加"有",两处都改成"不会有生意"。"阳天"改成"晴天"。

⑳ 首先应该删去"所以她每天担心,但";其次,"客人来了"这样的句式表明客人是预料中的,不符合原意,应改成"来了一位客人"。

㉑ 从上文语义来看,并没有"好事",这个句子中的"更"用得不合适,"更好"应改成"很好"。这一句还可以说得更简洁一点:"那不很/正好吗?"

㉒ "阳天儿子能卖鞋"中"儿子"应当确指,改成"晴天这个儿子能卖鞋"。

㉓ "下雨的天"改成"雨天",与"晴天"相对。"也"不能放在主语前,应放在主语的后面。"另外"不能直接做定语,改成"另一个"。整个分句改成"雨天另一个儿子也能卖雨伞嘛"。

㉔ 这一句缺少动词"变得"。"每天"改为"天天"。句末加上语气词"的"。全句应改为"她听后变得天天高高兴兴的"。

㉕ 这句改成"只要乐观地看待生活,你就会过得高高兴兴"。

评语
作者开篇就写自己的感想,议论紧扣主题,并能联系韩国的俗语和民间故事来进一步论证自己的观点,很有说服力。希望作者今后在遣词造句方面多下些工夫,切实提高自己的汉语写作水平。

练 习

一、用下面词语造句:
1. 一点一滴
2. 坐享其成
3. 所见所闻
4. 一烦之下
5. 众人拾柴火焰高

第九章　读后感

二、模仿造句：

1. 我也曾有过一位"有方"的老师,不过她不是什么有名的人物,只是一个大我几岁的女孩子。

　　_____曾_____,不过____不是_____,只是_____。

2. 我在写作上的进步——虽然它微小,都是老师教之有方和自己没有懈怠的结果。

　　_____——虽然_____,都是_____ _____的结果。

3. 连农夫都明白的道理,难道尼桑公司的领导们不懂吗？我看不一定,只是他们不懂得运用到工作中去。

　　连____都_____,难道_____?我看不一定,只是_____。

4. 在一个偶然的机会,我读了《野鸭的故事》,受到了很大的启迪。

　　_____机会,我读了_____,受到_____。

5. 丰子恺先生在《我的母亲》一文中,抒写了从母亲身上感受到的慈爱,表达了对那份永远温馨的母爱的怀念之情。

　　_____一文中,抒写了_____,表达了_____。

6. 我刚开始吸烟是出于好奇,久而久之竟成了习惯。

　　_____,久而久之_____。

7. 几个孩子都正上学,爸爸突然生病住院,一家人坐吃山空,眼看就维持不下去了。

　　_____,_____,_____坐吃山空,

55

眼看＿＿＿＿＿＿＿＿＿＿＿＿＿。

8. 妻子无端发了一通火，饭也不做，气呼呼地走了，弄得丈夫啼笑皆非。

＿＿＿＿＿＿＿＿＿＿＿＿＿，＿＿＿＿＿也＿＿＿＿＿＿＿，＿＿＿＿＿＿＿＿＿＿＿＿＿，弄得＿＿＿＿＿啼笑皆非。

三、编写会话，并用上所给的词语：
  题目：我打算写篇读后感
  词语：题目 原作 内容 重点 构思 感想 联想 要求

四、下面句子都有一些语病，请加以修改：

1. 尽管工作怎么忙，他每天还是坚持学汉语。

2. 信息化已成为衡量一个国家现代化水平和综合国力的重要任务。

3. 球馆设施齐全，可为乒乓球爱好者提供球拍、球衣、球鞋和衣柜等乒乓器材。

4. 学习的道路上遇到什么困难，你要坚持学习下去！

5. 人们所以把粽子扔到江中喂鱼，不让鱼吃屈原的身体。

6. 安娜在这次趣味运动会中，不但给我们班拿到了名次，而且自己还给取得了好成绩。

7. 每当见到朋友的时候，她有很多事情总是告诉。

8. 我觉得这本词典有帮助对我，于是我劝了朋友这本词典。

9. 只要你在我身边，无论有什么艰难，我都能克服。

10. 我要去中国留学，但妈妈不同意，我被妈妈真失望。

五、下面各段文字都有一些语病,读后加以修改:

1. 在《一件小事》我还想到自我批评的重要。我们要努力听取别人提出意见,要勇于承认还改正自己的缺点、错误。因为一个人只满足于一点点自己取得的成绩,听不得别人的批评,也不愿意进行自我批评,故步自封,骄傲自大,那很危险的。任何人都不是天生的圣者,只有那些不断地要求自己严格,经常进行自我批评的人,才能够进步了。

2. 《事事关心》是马南邨写的于1961年一篇短论。文章开头就引用了明代东林党首领顾宪成撰写的一副对联:"风声、雨声、读书声,声声入耳;家事、国事、天下事,事事关心。"它尽管阐述并纠正了当时人对古人读书的目的的错误认识,更重要的是他指出了政治家和学者之间的关系是互相帮助的。警告并希望人们要懂得起来努力读书和紧密关心政治两方面结合的道理。

3. 我不爱一向看童话。可前不久,看了偶尔一篇题为《假话国历险记》的童话,却深有感触了。作品里描述了假话国一幅幅可笑的情景出来:卖面包的食品店,门口竟挂着文具店的大招牌;明明是抓老鼠的小猫,竟"汪汪"地学狗叫……尤为可气的是,一个无恶不作的大海盗,竟然窃取国王的宝座了。这个所谓的国王因为怕百姓揭穿他的画皮,下令任何人不得不说真话,否则格杀勿论。于是乎,便演出着上面那一幕的滑稽剧了。

看了这个似乎荒唐可笑的故事,却我不由自主地陷入沉思进去了。

六、阅读下面两篇同题读后感,请改正文中的语病及标点错误等问题,并根据该文体的写作要求提出你的修改意见:

(一) 读《我叫什么》有感

读完这篇文章后,我觉得既滑稽又可笑,使我的心久久不能平静。因为这样很平常的一件小事情,惹出这么多麻烦,细想起来,现在社会的各种行业里也确实存在很多类似的事情。

今年夏天的一个傍晚,我请几位从家乡来的好朋友到某一个饭店吃饭,想表示一下儿对家乡朋友的思念及对来看望我的感激之情,当时我和朋友的心情是非常愉快的。

我们一行人在饭店刚刚落座,就有服务员来打招呼点菜,大家是兴致勃勃地点自己喜欢吃的菜。我作为主人更是点了很好吃的菜。就在点菜完毕后，服务员复核菜单的时候，我突然想起朋友们不习惯吃香菜，于是我特意嘱咐服务员不要在我们点的两个菜里放香菜，服务员也是爽快地答应了。作为主人的我高兴地为家乡的朋友倒满饮料在愉快地交流和笑声中等着好吃的菜上餐桌。不久就有服务员把菜陆续端上餐桌，于是我端起满满的饮料向朋友们为了表示感谢提议多吃点菜。当我准备带头品尝菜的时候，发现菜里有香菜叶，于是我问服务员为什么我们的菜里还是放了香菜，服务员回答："菜单上注明了，可能是厨房师傅搞错了，给你们重新做吧。"一边说，一边把菜端下餐桌送厨房去。我继续和朋友们说笑吃菜，但是内心已经觉得丢面子了。

不久菜重新端上餐桌，我仔细看了确实没有香菜。就招呼朋友们品尝新上的菜。就在大家夹菜品尝的时候，我看到第一位品尝菜的朋友表情不自然，我很快把菜夹起来品尝，结果发现菜里香菜叶是没有了，但是味道跟以前的一样浓。说明只是把香菜叶挑出去了，并没有重新做。担心影响朋友们的情绪，我压抑心里不快叫来服务员，问为什么，服务员表情非常不自然地表示抱歉并重新端走了菜。

最后我请客的朋友们品尝到了真正没有加香菜的菜。每当回想起这次经历的时候，都感觉到滑稽而可笑。

通过读《我叫什么》使我感到作者的经历也好，我的经历也好，看似滑稽而可笑，其实不是这样。从小事情反映出人们对待工作不负责任。结果呢？我的朋友吃不到可口的菜而已，在《我叫什么》里医生只是写错姓名大不了患者报销不了而已，不会造成大的后果，但是如果医生写错了处方，给错了药，那真的是跟人的生命有关的大事！社会要发展，人类要进步，就必须从小事情抓好，才能有大的回报。

（二）读《我叫什么》有感

《我叫什么》是一篇短文，主要情节是：主人公身体不舒服，到医院看病，想不到给他看病的大夫却是个马马虎虎的人。由于大夫把主人公的名字写错了三次，错一个字也不能报销，因此不得不忙得上下楼跑了三遍。

虽然文章里写道，都怪马马虎虎的大夫让主人公吃了大亏，但我想最马虎的不是大夫，而是主人公自己。如果找大夫把名字改过来的时候，更仔细地看看，就不会给自己添那么多的麻烦。

第九章 读后感

我们往往爱指责别人不负责任,却不知不觉地把错误转嫁于他人。我也有过这样的体验。我每天骑自行车去上课,但是中国是个自行车王国,一到上下班的高峰期,马路上非常拥挤。尤其是早上大家都急着要上班、上课。有一天,我怕迟到,自行车骑得又快又急,我在人群中穿来穿去,突然有个小姑娘跑到我面前了。好在我来了个急刹车,看样子她没有受伤。我一面批评她,一面骑上车赶路。我回头一看,她还在那里哭天喊地,她妈妈在旁边一直在哄她。

事后我想,那时我对她的态度是非常不对的,我应该放下车,认真地看看她受伤了没有,如果没有受伤,就把她交给她的家长。还要跟她的家长说清楚刚才发生的事情,对小姑娘说声"对不起"。这都是理所当然要做的,而我为了不迟到,把这最基本的常识都忘记了,更可怕的是把自己应负的责任转嫁到一个五六岁的小姑娘身上。

通过学习《我叫什么》这篇文章和自己的亲身体验,我想到责任感的重要性。对于自己所有的行为,我们应该认真地负起责任。无论是对方的错误、自己的错误还是双方的错误,我们都要回忆行为的全过程,自己问问自己:"我的态度真的能符合道理吗?""我做得对吗?""这样说给别人的印象是怎样的?"只有这样才能准确地判断正误,才能得到正确的结果,也才能和别人正常交往。

附 我叫什么

这两天我身体不舒服,到医院看病,没想到却为改名字上下楼跑了三遍,惹了一肚子的不痛快。

那天看病的人特别多,好不容易挂上号,没几分钟就看完了。递上新买的病历本,大夫问:"叫什么?""李东。"他迅速填上病历,让我去划价、取药。下到一楼划价处,我拿到药方,一看,忙说:"同志,名字写错了,您给改改,否则单位不给报销。"女护士瞪了我一眼,扔出一句:"看看你的病历本。"我拿出我的病历本一看,大夫竟把"李东"写成了"李通"。我赶忙跑上三楼找到原来的大夫,一个劲儿地道歉,说自己说得不清楚,求他给改过来。大夫一面批评我,一面给我改了。我捧着病历本,赶紧下到一楼划价处,还算顺利。可到交费处,麻烦又来了,交费处的小姐看了半天,一扬手把单子扔了出来:"去让划价的把名字写清楚点!"我赶紧跑回划价处,等拿过药方一看,只见上面清清楚楚地写着"李冬"两个字。我忙说我是"东方"的"东",错一个字也报销不了。"别说了,找大夫去!"划价女士的一句话又把我送上了三楼。

大夫一见我就把脸拉下来了,不过还是把"冬"改成了"东"。要说大夫还是挺负责任的,可能他觉得一个字划了三个黑疙瘩不太好看,特意把名字在旁边重写了一遍。我仔细看了一遍那个"东"字。这回一点没错,我跑到一楼,刚递进药方,里边又问了:"嗨,你到底姓什么?"我接过药方一看,哎呀,怎么又把"李东"写成了"刘东"了呢?没办法,我不得不再上三楼。这回大夫火了:"你有完没有?一个破字得改多少回?"我陪着笑脸听着,心里却很生气。大夫这回写得一点没错儿,确实是我的名字"李东"。

就这样,这位马马虎虎的大夫害得我跑上跑下一个多小时。我想没病的人也得给气出病来。

七、阅读下面短文,联系生活实际,任选其一,写一篇不少于800字的读后感,题目自拟:

(一)

李德伦是中国著名音乐家。一次出国参加一个国际音乐家的会议,午餐是和一位保加利亚音乐家同桌,那位保加利亚音乐家用他本国语言说了一句吃饭时的礼貌词——"祝您好胃口!"李德伦以为是问他的姓名,就站起来说"李德伦"。第二天,午餐的时候,这位保加利亚音乐家,又说了一次"祝您好胃口"。李德伦心想,昨天你不是问过我,我不是已经把我的名字告诉过你了吗?当然李德伦还是很有礼貌地站起来,说:"李德伦。"第三天,二人仍同桌午餐,李德伦想,我也应该问问他的名字,这时,那位保加利亚音乐家问别人名字那句话的发音,李德伦也学会了。于是,两个人刚坐下,李德伦就用保加利亚话问那个音乐家的名字。那个保加利亚音乐家也站起来,回答说:"李德伦!"这位保加利亚音乐家,以为前两天他对同桌的中国音乐家说"祝您好胃口"时,中国音乐家嘴里发出的"李德伦"声音的意思就是中文的"谢谢"。

(二)

在小山上有一座寺庙,里面住着一个胖和尚。他一个人住,没有别的人可以依靠,只好自己下山去挑水。后来庙里又来了一个瘦和尚,于是两个人去抬水。他们俩谁也不肯多出力,都想占点儿小便宜。过了一些日子,又有一个小和尚来到庙里,他们三个谁也不愿意去挑水。他们互相推托,都宁肯坐着、渴着,也不去挑水。

　　一天,一只老鼠咬坏了寺庙供桌上的蜡烛,蜡烛倒在地下,引起了一场大火。庙里没有水,这三个和尚都着了慌,他们再也顾不上计较谁吃亏谁占便宜,都争着去挑水。由于大家齐心协力,终于扑灭了大火。

(三)

　　蚊子飞到狮子面前,对它说:"我不怕你,你并不比我强。你要愿意,我们来较量较量吧!"蚊子吹着喇叭冲过去,专咬鼻子周围没毛的地方。狮子痒得用爪子把自己的脸都抓破了。结果,蚊子战胜了狮子,又吹着喇叭,唱着凯歌飞走了。没想到,蚊子却被蜘蛛网粘住了。蚊子将要被蜘蛛吃掉的时候,叹息道:"自己同最强大的动物都较量过,不料被小小的蜘蛛消灭了。"

(四)

　　清晨,骑自行车去公园晨练,行至一个必经的路口,红灯亮着,环顾四周,车稀人少,就骑了过去。

　　突然,后面追上来一位骑车人,靠了过来。"老大爷,您闯红灯了!"他笑着说,是个外国小伙子!中国话倒说得不错,他也常去公园锻炼,学中国功夫,有时遇上了,我们还打过招呼。

　　"我看没有机动车开过来,就闯了红灯。"我不好意思地解释。

　　"这在我们国家的道路上是绝对不允许的,我们都养成了那种好习惯。"

　　几个星期后的一天清晨,还是这个路口。突然,后面一辆自行车很快向前骑过去,闯了红灯。还是那个外国小伙子!变绿灯了,我快速追了上去,"喂,小伙子,你闯红灯了!"我用同样的语调对他说。他回头一看是我,咧嘴一笑,"入乡随俗嘛!"

　　什么话!真把我气得够呛!

(五)

　　花匠院子里的葡萄架上结了不少又大又甜的葡萄,他高兴极了,很想与人分享这些果实,便摘了一些送给邻居。首先,他送给一位商人,商人一边吃一边说:"好吃,好吃!多少钱一斤?"花匠又把葡萄送给一位干部,那个干部接过葡萄后沉吟良久,问:"你有什么事要我帮忙吗?"花匠又把葡萄送给一位少妇,她有点儿意外,而她的丈夫则在一旁一脸的警惕。花匠回到家很纳闷:我只是想让大家尝尝鲜,怎么就会产生那么多的误会?

八、汉语水平考试(高等)作文模拟试题:

1. 考试题目:读《猴子和大象》有感
2. 书写要求:全部用汉语书写(也可以用繁体字),每个空格写一个汉字,汉字书写要清楚工整。标点符号要正确,每个标点占一个空格。
3. 字数要求:400—600字。
4. 文体格式:读后感。
5. 考试时间:30分钟。

附 猴子和大象

猴子和大象都想吃到河对岸树上的果子。猴子苦于无法过河,大象则苦于无法摘果。双方协商后想出了个办法:大象驮着猴子过河,过河后,猴子上树摘果。结果它们都吃到了果子。

第十章 讲话稿

第一节 基本知识

一、什么是讲话稿

讲话稿是在会议(如开学典礼、结业典礼、毕业典礼、结婚典礼、演讲比赛、讨论会等)上发表讲话的文稿,又叫发言稿或演讲稿。

讲话稿和议论文在阐述观点方面是一致的。所以,议论文的一些写法,在讲话稿的写作中也是适用的。

二、怎样写讲话稿

虽然议论文的一些写法在讲话稿的写作中也是适用的,但讲话稿也有自己的特点。讲话是在一定的场合面对听众系统地阐述自己的观点,因此,讲话稿的内容一定要切合听众的要求和兴趣。为此,在起草讲话稿前,先要对听众作一番了解,摸清听众是哪些人,他们的思想状况、文化程度、职业状况怎样;还要弄清他们心中在想什么,最关心的是什么,感兴趣的是什么,特别是他们最迫切需要解决的问题是什么。掌握了这些,才能确定讲什么,才能写出针对性强的讲话稿,从而使你的讲话取得好的效果。

跟写其他文体的作文一样,写讲话稿也要求中心鲜明突出。一篇讲话稿必须有一个中心,全文都要紧紧围绕这个中心来写,切忌东一榔头西一棒槌。反对什么,赞成什么,批评什么,表扬什么,态度要鲜明,不要含含糊糊、模棱两可。

在选材上,讲话稿要注意适当地穿插一些具体事例,因为过多的议论,容易使听众乏味。选用的例子最好是新鲜的,新鲜的事例使人耳目一新,容易发生兴趣。即使用的是旧事例,也要求从中生发出新意,给人以新鲜感。

讲话稿的材料不仅要有说服力,而且要热情洋溢,要把说理和抒情结合起来,这样才能较好地起到宣传鼓动作用。

讲话稿的语言要注意三点:

1. 写真话,写心里话,心中怎么想笔下就怎么写。
2. 使用经过加工的口语,讲起来顺口,听起来顺耳,通俗易懂,生动活泼。
3. 多用短句,少用长句,句子的修饰部分要少,避免听众听了不得要领。

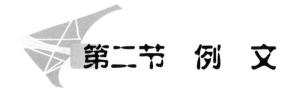

第二节 例 文

(一) 在大学毕业二十年聚会上的讲话

敬爱的老师,亲爱的同学们:

大家好!当我们走进良友宾馆的大厅时,我们每个人的手上都拿到了一张歌片,歌曲的名字是《年轻的朋友来相会》。歌中有这样一段话:"再过二十年,我们重相会,伟大的祖国,该有多么美!"还记得吗?二十年前,我们就是唱着这首歌告别母校的。那时候我们就已经约定:"再过二十年,我们来相会。"二十年后的今天,我们终于来赴约了。

二十年,可以说很漫长!我们从风华正茂的小

> 称呼。
>
> 开篇点明二十年后的今天来聚会。
>
> 二十年间每个人的

第十章 讲话稿

姑娘、小伙子，一天天步入了中年。当我们走到一起，握手相看，我们真想问一声："老同学，你过得好吗？"

二十年，可以说过得很快！我们似乎还没来得及准备好一份像样的礼物给母校，赴约的时间就已经到来。当我们彼此相聚，你我似乎又没有多大的改变，那同窗共读的情景，仿佛就在昨天。

二十年，可以说好沉重！每当想到二十年后的相聚，我们就不敢有丝毫的懈怠。我们一步一步走过了二十年，七千三百多个日夜，我们没有歇脚。所以，当我们今天在这里相聚的时候，我们应彼此道一声："老同学，辛苦了！"

二十年，这个早已约定的聚会是如此的令人神往！放下手头的杂务，丢下家中的孩子，你从南国赶来，他从北疆奔来，为的就是来履行这二十年前的约定，为的就是这二十年后的欢聚。今天，我们终于团聚了！此情此景怎能不叫人心潮澎湃，怎能不叫人热泪沾襟呢！

同学们！相聚是欢乐的，但也是短暂的。就让我们尽情地享受这短暂的相聚吧，让我们尽情地沉醉、尽情地回味。同时，让我们再一次相约：再过二十年，我们再相会！到那个时候，亲爱的老同学，你可千万要来啊！

谢谢大家！

相貌、生活发生了巨变，但彼此间的感情并没有变。二十年后从天南地北相聚在一起，怎不让人心潮澎湃！

再次相约：二十年后再相会。

(选自《演讲与口才》，作者：周国柱，有改动)

生 词 语

1. 相会　　　xiānghuì　　　（动）　　　见面。
2. 约定　　　yuēdìng　　　（动）　　　经过商量而确定。

3. 赴约	fùyuē	（动）	去和约会的人会面。
4. 漫长	màncháng	（形）	长得看不见尽头的(时间、道路等)。
5. 风华正茂	fēnghuázhèngmào		风采动人,才华横溢。
6. 步入	bùrù	（动）	走进。
7. 同窗	tóngchuāng	（动、名）	①同时在一个学校学习。②同时在一个学校学习的人。
8. 令人神往	lìngrénshénwǎng		叫人心里向往。形容某个处所或事物极为美好,很吸引人。
9. 杂务	záwù	（名）	专门业务之外的琐碎事务。
10. 南国	nánguó	（名）	指中国的南部。
11. 北疆	běijiāng	（名）	指中国北部边疆。
12. 心潮澎湃	xīncháopéngpài		形容思绪万千,心情激动,像汹涌的潮水那样。
13. 热泪沾襟	rèlèizhānjīn		心情激动时流出的泪水浸湿了衣服。
14. 沉醉	chénzuì	（动）	大醉。多用于比喻。

> **简析**
>
> 聚会是令人兴奋的,特别是大学毕业二十年后的聚会更会是这样。写这样的讲话稿要表现出"相见恨晚"的感觉,应该自始至终充满激情。这篇讲话稿以歌词"再过二十年,我们来相会……"贯穿始终,又把毕业后二十年老同学的变化作为回顾重点,显得情真意切,令人感动。
>
> 为了让听众在一定的时间里听明白,就要尊重听众的接受能力和思维习惯,选用一个简单清晰的结构。这篇讲话稿中运用的排比句式就使层次结构显得清晰、紧凑。这是留学生在写讲话稿时应该借鉴的。

(二) 在毕业典礼上的讲话

敬爱的老师,亲爱的同学们:

  四年前,我带着梦想来到这所大学,融入了这个集体。今天,我依然带着梦想走出校园。四年时光匆匆而过,留下了无数的回忆。

  还记得刚来时的我对这儿的一切都很不熟悉,老师们对我很关心,帮助我很快适应了这里的学习和生活。我们班同学大都是韩国人,大家相处得很融洽,在这样温暖的集体中,我们一起学习着,成长着。记得那时候我经常迟到,给老师留下了做事很不认真的印象,在这里我要向老师说声"对不起"。我要感谢所有教导过我、帮助过我的老师们,虽然我和老师们交流得不算多,也不善于表达,但在我心里,你们都是我最敬爱的人。

  亲爱的同学们,我们来自四面八方,有缘相聚在这里。我想我们每个人都很珍惜彼此间的友情。刚来的时候,是你们热情地迎接我。大家在同一间教室里学习,听老师讲课,一起度过快乐的日子。当然,我们也有过同病相怜的时候,如考试前的紧张。我们之间无需太多的语言,这样一段珍贵的岁月见证了我们间的一切。如今,我们就要各奔东西了。朋友是一笔珍贵的财富,我很幸运,在这里的日子里,拥有了你们这么多的财富。在此,我感谢曾经帮助过我、陪我走过这段日子的同学们!我相信,我们间的友谊会地久天长的!

  这里是我圆梦的地方,这里有那么多优秀的老师和可爱的同学,这里有优良的学术传统和严谨踏实的学风。每天早上我看到有同学在读书或者在跑步,就觉得这儿真是一个充满活力的地方。

称呼。

开门见山,引出回忆。

回忆入学初的生活情景,特别提出感谢老师的教导。

回忆朋友间的友情。

大学生活使演讲者受益良多。

我在这里学习了四年,受益良多。在思想方面,我从老师、同学身上学到了认真,学到了勤奋,学到了敬业;在学习上,我的汉语水平得到了明显提高,学到了不少专业知识。亲爱的同学,敬爱的老师,还有那难忘的大学,真的给了我很多很多。

我们就要从这里毕业了,另一个梦又开始了。在此,衷心祝福老师和同学们事事顺利,也祝福母校事业发达、蒸蒸日上。

> 结束语:对老师、同学以及母校的祝福。

(作者:崔庆顺,有改动)

生 词 语

1. 融洽　　　róngqià　　　（形）　彼此感情和睦,没有隔阂。
2. 同病相怜　tóngbìngxiānglián　比喻有同样不幸遭遇的人互相同情。
3. 地久天长　dìjiǔtiāncháng　跟地和天存在的时间一样长。形容永久不变。
4. 圆梦　　　yuánmèng　　（动）　实现梦想或理想。
5. 严谨　　　yánjǐn　　　（形）　严密谨慎;严密细致。
6. 学风　　　xuéfēng　　 （名）　学校或学术界的风气。也指一般学习方面的风气。
7. 受益　　　shòuyì　　　（动）　得到利益或好处。
8. 蒸蒸日上　zhēngzhēngrìshàng　比喻事业天天向上发展。

> **简析**
>
> 写这类讲话稿要说的话很多,比如回顾四年的学习生活,回顾老师们的亲切教导,回顾和同学相处的日日夜夜等等。但在这种场合又不允许你什么都讲,所以一定要概括,在概括中表现出依依惜别之情。
>
> 这篇讲话稿的作者在回忆大学生活时,很自然地提到教导过她的老师和帮助过她的同学,这些内容很能打动听众的心。当然内容再充实一些就更生动、更精彩了。

(三) 你的错在于没有任何过错

——在讨论会上的讲话

亲爱的同学们：

我现在讲的题目是《你的错在于没有任何过错》。假如你希望你一生都不犯错误,假如你真如愿以偿,那我要告诉你:你一生最大的错误就是你没有任何过错。

意大利的朗根尼西说过:"不要给我忠告,让我自己去犯错误。"这似乎只是一句妙语,事实上含有很深刻的意义。一个人怕犯错,就是畏惧现实;一个人想逃避犯错,就是逃避现实。那样他永远不会在生活中自立、自强。不要简单地否认它,想一想,试一试,你就会理解朗根尼西的话。

过错在一定意义上并不是坏事。任何事物都具有二重性,有好的一面,也有坏的一面。过错也不例外。它虽然会给你带来一些损失,但要知道,一个人如果没有相对的失,也绝不会有相对的得。说你错,不一定你就错了。对是非的判断有不同的标准,假如你现在想搞个什么革新,也许会有人说你是胡闹,你会如何呢?不要轻易放弃它,只要你自己觉得对,就应该做下去,即使前面会有挫折。这一条路不通,并不意味着所有的路都不通。人不能靠别人的忠告、别人的经验而生存,假如这样,你的生活与别人的又有什么两样呢?社会怎么会发展呢?人生何来"丰富多彩"呢?要冷静地鉴别别人的忠告,勇于开创自己的生活。

不要害怕犯错误。可以这样说,在向未知世界前进的路上,我们都不是万无一失的探索者。如果害怕碰壁而不敢前进,那就永远不会迈出步子;如

> 称呼。

> 点出演讲题,并运用假设句十分自然地说出自己的观点。

> 引用朗根尼西的话来说明犯错误未必都是坏事。只有不断地犯错误并不断地改正,才能从生活中得到磨炼和启发。

> 巧妙运用物理原理增强说理的力度,又不乏趣味性。

果让别人拉着你的手,一直带着,这是匀速直线运动,其实质上是相对静止的。只有勇敢地迈开步子前进,碰一碰壁,前面的路才会在你眼前展现,惊人的加速才会在你的脚下产生。

当然我不是提倡盲目地去犯错误。没有一个人会为自己的错误而高兴。我常常看到这些现象:犯错误之后有的人消沉,不敢再越雷池一步;有的人又按照原来的路去再次碰壁;而有的人则是分析错误的原因,朝着另一个更有希望的方向前进。尽管在这条前进路上也有可能碰壁,但可以肯定,他们终究是强者,他们将真正把握住自己的命运。

对错误的消极理解是你的过错,害怕错误是你的过错。如果你说你没有任何过错,那么,你错就错在你没有任何过错。

> 结束语再次强调作者的观点,使说理更具气势。

这就是我今天所要讲的。谢谢。

(选自《限字作文》,作者:袁艳,有改动)

生 词 语

1. 如愿以偿	rúyuànyǐcháng		指愿望得到实现。
2. 忠告	zhōnggào	(动、名)	①诚恳地劝告。②诚恳劝告的话。
3. 自强	zìqiáng	(动)	自己努力向上。
4. 二重性	èrchóngxìng	(名)	指事物本身所固有的互相矛盾的两种属性,即一种事物同时具有两种互相对立的性质。
5. 革新	géxīn	(动)	革除旧的,创造新的。
6. 挫折	cuòzhé	(动)	失败;失利。
7. 冷静	lěngjìng	(形)	沉着而不感情用事;不热闹。

8. 鉴别	jiànbié	（动）	通过观察,辨别真假优劣。
9. 万无一失	wànwúyìshī		绝对不会出差错。
10. 探索	tànsuǒ	（动）	多方寻求答案,解决疑问。
11. 碰壁	pèngbì	（动）	比喻遇到严重阻碍或受到拒绝,事情行不通。
12. 匀速运动	yúnsù yùndòng		物体在单位时间内通过的距离相等的运动。
13. 展现	zhǎnxiàn	（动）	显现出;展示。
14. 强者	qiángzhě	（名）	指能战胜困难和挫折的坚强的人。
15. 把握	bǎwò	（动）	抓住(抽象的东西)。

简析

这是一篇在讨论会上阐述自己观点的发言稿。这类发言稿通常是先提出自己的观点,然后用充分的论据加以论证,目的是说服听众。

本文开篇就运用假设句鲜明地提出自己的观点:你的错就在于没有任何过错。作者引用朗根尼西的话来论证犯错误未必都是坏事,只有不断地犯错误并不断地改正,才能从生活中得到磨炼和启发。作者接着指出:不要怕犯错误,怕犯错误就会使人裹足不前;要用正确的态度对待错误,分析错误的原因,朝着更有希望的道路前进。整篇讲话说理清楚,颇具逻辑性,语言很有气势并有很强的说服力。

（四）为动物请命的呼喊

——在讲演比赛上的演讲

各位老师,各位同学: 称呼。

    大家好!今天我演讲的题目是《为动物请命的呼喊》。   首先点出演讲题目。

人类的祖先曾在满是动物的原始森林里生活了数百万年。这些遗迹我们可以从北京山顶洞人的化石中和西班牙阿尔塔米拉山洞的壁画上看到。这些记载我们可以在两河流域的楔形文字里和埃及法老图坦卡门的陵墓前得到印证。总而言之,人类始终与动物共同生活在同一片蓝天下。在今天的地球上,人类仍与动物紧紧联系在一起,并且结下了不解之缘。不是吗?请大家想一想:哪个孩子见了喜爱的动物,眼中不闪出愉悦的光亮?哪个成年人心中没有埋藏着对某个动物的美好回忆?我可以毫不夸张地告诉大家,没有动物的世界,人类生活会变得非常单调和乏味!所以,这种与动物长期共存的生活方式已成为人类的一种本能。

> 阐述人类跟动物长期共存。

我们也看到,目前世界上每年都有上百个物种灭绝,不是吗?一只只珍贵动物被猎杀,一张张带着铜臭味的油亮大嘴正在津津地撕扯……他们的贪婪凶残和愚昧无知,不正是一个个物种灭绝的重要原因吗?而这些物种灭绝后,在地球上,不,在整个宇宙中就永远不会再出现了!

> 阐述动物灭绝的原因及后果。

动物,即使是最凶猛的动物,也是极少主动攻击人的。只有在它们的生态环境遭到人类的严重破坏或受人类的直接侵犯时,才会以此作最后的反抗,以免灭种之灾。于是人与动物之间又演出了一幕幕悲剧。然而,面对六十亿强大的、高度进化的人类,这种绝望的反抗无论表现得多么猛烈,仍然显得十分软弱无力。所以,保护动物、保护人类生态环境已成为最先进的科学思想和当代文明人的生活内容之一了。

> 当代人应该保护动物,保护人类生态环境。

《北京晚报》发起的《人与动物》征文活动,得到了广大读者的欢迎和支持。朋友们以或朴实或

> 有了大家的支持和鼓励,我们为动物

深沉的语言,讲述了他们与动物之间发生的一桩桩真实的故事和一段段充满喜怒哀乐的情缘。这些故事是如此令人感动,让人时而惊奇,时而喷饭,时而鼻酸,时而沉思。我们感到这些不相识的朋友们的心灵,都是那么善良、美好,充满爱意。有了大家的支持和鼓励,我们为动物请命的呼喊将会更加响亮!

> 请命的呼喊将更响亮。再次强调主题。

谢谢大家!

(选自《演讲作文指导大全》,作者:舒志钢,有改动)

生 词 语

1.	请命	qǐngmìng	(动)	代人请求保全生命或解除困苦。
2.	呼喊	hūhǎn	(动)	喊叫。
3.	遗迹	yíjì	(名)	古代或旧时代的事物遗留下来的痕迹。
4.	化石	huàshí	(名)	由常年埋藏在地层中的遗物、遗迹或古生物遗体变成的跟石头一样坚硬的东西。
5.	壁画	bìhuà	(名)	在建筑物墙壁或天花板上绘制的图画。
6.	流域	liúyù	(名)	一个水系的干流和支流所流过的整个地区。
7.	楔形文字	xiēxíng wénzì		公元前三千多年美索不达米亚南部苏美尔人创造的文字,笔画像楔子。
8.	陵墓	língmù	(名)	历史上著名人物的坟墓。
9.	印证	yìnzhèng	(动、名)	①证明与事实相符。②用来印证的事物。
10.	愉悦	yúyuè	(形)	喜悦。

11. 埋藏	máicáng	（动）	隐藏。
12. 夸张	kuāzhāng	（形）	夸大。
13. 乏味	fáwèi	（形）	没有趣味；缺少情趣。
14. 本能	běnnéng	（名）	人类和动物不学就会的本领。
15. 物种	wùzhǒng	（名）	生物分类的基本单位。不同物种的生物在生态和形态上具有不同特点。
16. 灭绝	mièjué	（动）	彻底消灭；彻底消失。
17. 铜臭	tóngchòu	（名）	指铜钱的气味。用来讽刺唯利是图的表现。
18. 撕扯	sīchě	（动）	撕；扯断。
19. 贪婪	tānlán	（形）	贪得无厌（含贬义）。
20. 愚昧	yúmèi	（形）	没有文化而又头脑简单，不明事理。
21. 宇宙	yǔzhòu	（名）	包括地球在内的一切天体的无限空间。
22. 喜怒哀乐	xǐnùāilè		欢喜、恼怒、悲哀、快乐。指人的各种情感。
23. 情缘	qíngyuán	（名）	男女相爱的缘分。
24. 喷饭	pēnfàn	（动）	口中的饭因突然发笑而喷射出来。常用"令人喷饭"来形容事情极其可笑。
25. 鼻酸	bísuān	（形）	鼻子发酸。比喻悲伤心酸。

简析

　　这篇演讲稿开篇就讲明了主题，接着在第二自然段讲自古以来人类与动物长期共存，在第三自然段讲目前动物灭绝的原因及带来的后果，在第四自然段讲当代人应该保护动物和人类生存的环境，在第五自然段讲到有了大家的支持和鼓励，为动物请命的呼喊将更加响亮。通观全篇，演讲层次十分清楚、紧凑。

第三节 留学生习作点评

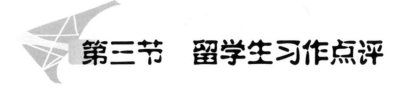

（一）也说入乡随俗
——在读书心得交流会上的讲话

同学们：

　　我前天读了一篇名为《入乡随俗》的文章。它讲了一个外国留学生到中国以后①，这个留学生看到中国人不遵守交通规则，车辆不多②，或没有警察时就随便闯红灯，开始时他提醒中国人这样做不对。可是过了一段时间，他也像中国人一样闯红灯了，并认为这是入乡随俗，没有什么错误。

　　读完这篇文章我感触很深。在中学时，就常听说"到罗马就应该遵守罗马的法律"这句俗语，所以理所当然的认为入乡随俗是应该的③。来中国几年后，我亲身经历了一些事情，开始怀疑事事都入乡随俗是否完全正确。

　　刚来中国的时候，一次和辅导老师到饭店吃饭。点菜的时候，因为不太了解中国的情况，不知道三个人应该点多少。我看到旁边的桌子也有三个人，他们点6~7盘菜④，我觉得太多了，可是又一想，也许这是中国人⑤。也点了六盘菜⑥。菜上齐了，我们都尽量多吃，可是还是剩了很多。这时，我看见周围很多人吃完后带着大包小包的饭盒离开了。我不明白，就问辅导老师⑦："他们这是干什么？""因为点的太多⑧，吃不了，所以带回家。我们也带走吧。"她告诉我说。于是我们每人带了一些剩菜回家。

　　到了晚上我热了一些中午带回来的菜，发现有的菜味道跟中午时不一样，也不好吃了，我只吃了两口就扔掉了。虽然我也觉得这样做很浪费，但是不扔掉也没有人吃。我想与其这样，还不如当时少点一些呢。我还听说在中国，不太熟悉的人一起吃饭后常常剩很多，但

75

出于面子也不会带走，所以每天都有很多剩菜剩饭白白倒掉。

在韩国，一般在外面吃饭都是吃多少点多少⑨，所以很少有把剩菜打包带走的情况。我觉得这样很好。无论走到哪个国家，都应该保持下去这种好习惯⑩。中国人的这种点菜方式太浪费了，我们不应该效仿。

看来事事都要入乡随俗也并不一定完全正确。中国有很多好的风俗习惯，我们当然应该适应它，而对于那些不太好的，就不要追随了，应"取其精华，去其糟粕"。

我的读书心得讲完了。谢谢！

评改

① "讲"后面的宾语缺少中心语"故事"，这个句子改为"它讲了一个外国留学生到中国以后发生的故事"。

② "车辆不多"后面用逗号断开显得结构松散，应去掉逗号。

③ "理所当然"做"认为"的状语，后面应该用"地"。

④ 动词"点"后面应加时态助词"了"。另外，"6~7盘菜"的表达方式不合汉语习惯，改为"六七盘菜"。

⑤ 应在"中国人"的后面加"的习惯"。

⑥ 这句前可加上连词"于是"，使上下文衔接更紧密。

⑦ 应在"我不明白"后加逗号","断开。

⑧ 动词"点"与结果补语"太多"之间应该用"得"。

⑨ "一般"放到"在外面吃饭"后面，用来说明"吃多少点多少"的频度。

⑩ 这一句缺少主语，加上"我们韩国人"。

评语

文章开篇简要介绍所读文章的内容，由此提出自己的思考："入乡随俗"是否完全正确。接下来联系自己在中国留学生活中的实例，以自己的亲身感受来谈论"入乡随俗"是否应该，最后通过韩国人的生活习俗与中国人的生活习俗对比，自然而然地得出结论，即"事事都要入乡随俗并不一定完全正确"。文章结尾还引用了成语"取其精华,去其糟粕",起到画龙点睛的作用。

希望把讲话稿的内容写得再充实一些。

(二)新年晚会上的讲话

各位老师,各位同学们①,新的一年又到来了。在这个特殊的时刻,我祝大家新年快乐,万事如意。回想这一年来的生活,我有很多的感受。这一年,对我来说是平静的一年、愉快的一年、丰收的一年。

这一年,我发现天津的变化是巨大的。不仅我天津的朋友有感受这种巨大的变化②,连我这个在天津生活时间不很长的外国人也感受很深。最明显的变化是道路变得更宽了,南京路两边种上了小树,摆放了花坛③,给马路增添了几分美丽。天津的汽车数量越来越多,汽车的样子也越来越漂亮,不再只是夏利、大发和桑塔纳,粉红的、绿的、蓝的、金色的车子使街道变得更加美丽。除此之外,天津的房子越建越多,越建越漂亮,听说为了奥运会还要建一个大体育馆和一个堆山公园。这么多的变化都说明中国的经济在发展,天津的经济也在飞速发展。人们生活的方方面面都发生了变化,希望在新的一年里我们生活好④。

在学习上,这一年我是很满意的,我实现了去年许下的愿望。这一年中我都一直在不断努力⑤,也取得了一定的进步。当我收到HSK六级通过的通知时,真是激动极了。一方面,考试很难,我竟然通过了;另一方面,只有通过六级,才能顺利升入三年级。所以这件事是我这一年不能忘记的大事。上大三后,随着年龄的增长,我开始明白了一些学习上、生活上的道理。中国的古话"种瓜得瓜,种豆得豆"说的真好⑥。有付出才能有收获。只有在学习的道路上不断努力,汉语水平才能提高。当然,这其中也有几次觉得很累而想放弃的时候⑦,不过这些困难都克服了,学到了这么多知识无疑是大丰收啊!

在学习、生活中我最应该感谢的是我的朋友和老师。在这一年中遇到困难时他们总是及时地、无私地帮助我,让我克服一个又一个困难,没有他们的帮助和指导,我是不可能有这么大的进步的。

现在新的一年马上就要到来了。过去的一年,不管是快乐还是痛苦,已经成为过去,我们不应该在记忆中⑧。让我们拥抱新的一年,拥抱明天吧!

最后祝大家新年有新起点,新年有更大的进步!

评改

① "各位"后面应接单数名词,而"同学们"是复数,二者搭配在数的方面不一致,应去掉"们"。另外,"各位老师,各位同学"要顶格写在文章开头的第一行,后面用冒号,下面的内容另起一段。

② "有感受"是一个动宾短语,后面不能再出现做受事的名词或名词短语,这句可改为"不仅我天津的朋友能感受到这种巨大的变化"。

③ 能"摆放"的东西一般体积都比较小,重量都比较轻,人们可以较容易地将其移动,如花盆、桌椅、书本等,所以"摆放"和"花坛"不能搭配,应改为"新建了花坛"或"摆放了花盆"。

④ 照上下句的意思,这里可改为"希望在新的一年里我们的生活能更好"。

⑤ "都"和"一直"在句中做状语修饰谓语"努力"时,它们在状语位置上的顺序是有前有后的。一般来说,在状语位置上表示时间的词语在前,表示范围的词语在后,所以原句应改为"这一年中我一直都在不断努力,也取得了一定的进步"。

⑥ "说"和"真好"这两个词之间是述补关系,而结构助词"的"表示的是偏正关系,所以应该把"的"改为"得"。

⑦ 在"有"的宾语"几次觉得很累而想放弃的时候"中,"几次"和"时候"搭配不当,因为"时候"是不可数名词,不能受数量词修饰,应该把"几次"删掉。"时候"也可以换成"想法"、"念头"等词语。

⑧ 在"在"的前面加一个动词"留"。这句改为"我们不应该留在记忆中"。

评语

作者在这篇新年晚会上的讲话里,首先回顾了一年来自己所在城市发生的巨大变化。这些都是作者亲眼所见和亲身感受的,所以内容真实可靠。接着作者联系自己的实际,讲述了一年来自己在学业上取得的成绩和收获,用事实说明了这是"愉快的一年、丰收的一年"。最后以饱满的热情展望新的一年。文章层次十分清楚。总的来说,语句比较通顺。个别句子存在词语搭配不当的毛病,这是可以通过学习和写作实践逐步得到解决的。

练 习

一、模仿造句:

1. 看到自己的飞船上天了,科技人员都心潮澎湃,浑身充满了力量。

　　　　　　　　　　,　　　　　　　心潮澎湃,　　　　　　　　　　。

2. 几十年来,我们经理对工作总是一丝不苟,没有出现过任何差错。

　　　　　　,　　　　　　总是一丝不苟,　　　　　　　　　　。

3. 我很想今年能考上北京大学,能否如愿以偿呢,这就看我的高考成绩了。

　　　　　　　　　,能否如愿以偿呢,　　　　　　　　　　　　。

4. 为使这次飞行万无一失,机械师认真地检查了飞机的每个零件。

　　为　　　　　　　万无一失,　　　　　　　　　　　　　　。

二、用下面词语造句:

1. 风华正茂　　　　　　2. 令人神往
3. 地久天长　　　　　　4. 蒸蒸日上

5. 不解之缘   6. 喜怒哀乐

三、选词填空：

| 接受 | 巨大 | 发挥 | 由于 | 满意 | 志气 |
| 顺利 | 从此 | 爆发 | 惊天动地 | | |

　　于是我_____了现实的挑战，怀着"我能行"的自信，一边认真复习功课，一边努力练习演讲。时间似流水，很快到了比赛和考试的日子。赛场上，自信_____出动力，我_____出了最高水平，在评委_____的笑声中，我捧过获奖证书；考场上，我也不甘拜下风，_____地通过了毕业考试，在老师赞赏的目光中，我当上了"优秀学生"。_____，我就与三个字结下了不解之缘，这三个字就是：我能行。

　　"我能行"，这是勇敢者的宣言，一个人就应该有这个_____，有这点儿精神。试想，如果爱迪生气馁于失败，那么人类可能还生活在黑暗中；如果革命者妥协于失败，那么世界可能就没有今天的和平；如果理论家屈服于失败，那么科学真理很可能被愚昧所代替……_____他们对事业的执著的追求，有"我能行"的坚定信心，才做出了_____的大事，为人类的科技事业、和平事业做出了_____的贡献。

四、下面句子都有一些词语搭配不当的毛病，请加以修改：

1. 你以后的工作还很漫长，一定要坚强起来。

2. 你们虽然订了婚，可是还没有履行法律，所以不能认为已经是合法夫妻了。

3. 一个人不能因为受到有点儿挫折，就灰心丧气。

4. 这个年轻人越来越消沉精神了，在他身上找不到一点儿朝气。

5. 我从上个月开始找工作，在几个大公司都碰壁了经理们。

6. 这孩子平时什么也不管，今天怎么帮忙妈妈起来了？

7. 我工作这么卖力气,怎么就不能引起领导的表扬呢?

8. 我在更衣室换上了工作服以后,马上就开始了一天的紧张任务。

9. 在学习过程中,勤于思考还会把你学到的知识得到升华。

10. 养成良好的习惯,因为对我们的学业有益,而且还能磨炼我们的意志。

五、下面各段文字都有些语病,读后加以修改:

1. 你们好!今天我演讲的题目是《理解万岁》。

每一个人从出生那天起,就生活在社会群体。家庭里,有父母和有亲戚;学校里,上有老师和下有同学;社会上,接触的人更是漫山遍野。这就向人们提出了一个现实的问题:如何正确对待和处理人与人之间的联系。我认为正确的答案只有一个,那就是在相互尊重的前提里做到互相理解。理解万岁!

2. 为了这颗美丽的蓝色星球辉煌的未来,为了50亿地球人共同的家园,为了这家园里像亿万花朵一样的孩子,也为了您自己,为都我们拥有幸福的一个明天,请您记住:爱护这唯一的地球吧,保护您身边的环境!地球是人类共同的财富,它从昨天走来,却不能只属于今天。每个人都有义务被一个美好漂亮的地球送给明天,因为,地球,我们只有一个!

3. 谈到锻炼自立能力,这不由得给我联想到一则寓言故事:小鹰跟着老鹰学飞,看到鸡妈妈正捉小虫子吃给小鸡,便对妈妈很委屈地说:"你看鸡妈妈多好对小鸡啊!而你会就逼着我学飞。"老鹰严肃地说:"鸡妈妈给小鸡的只是虫子,而我给你的是翱翔蓝天的本领和百折不挠的意志。"这"翱翔蓝天的本领和百折不挠的意志",我所要说的自立精神不正是吗?

六、把下面各组分句排列成一段话:

1. A. 当今的社会是一个发展速度非常快的社会
   B. 就得有敏感的观察力和灵活的应变能力
   C. 否则稍不留神,就有可能成为时代的落伍者
   D. 我们想要不被社会所淘汰

2. A. 但对于为什么要博览群书
   B. 博览群书可谓老生常谈了
   C. 知道的同学恐怕不多吧
   D. 怎样才算博览群书

3. A. 战胜生理上的缺点
   B. 更要有不懈的努力
   C. 需要足够的勇气
   D. 而战胜心理上的弱点

4. A. 也包括退休以后的老年人
   B. 这其中既包括孩子
   C. 越来越多的人沉迷于电视之中
   D. 在电视普及的时代里

5. A. 否则不会给听众留下深刻的印象
   B. 写讲话稿同写其他文章一样
   C. 也要有鲜明的观点
   D. 要有明确的中心

6. A. 运用口语,借助于表情、手势
   B. 演讲是指演讲者在人数众多的场合
   C. 郑重地、系统成篇地表达见解和主张
   D. 以感召群众的一种方式

7. A. 这是社会发展的必然趋势
   B. 身处竞争大潮流中的我们
   C. 一定要提高自己的业务水平
   D. 现代社会是一个竞争日趋激烈的社会

8. A. 正确的态度应该是冷静而理智地分析问题的症结之所在
   B. 面对人际交往中出现的问题
   C. 针对症结,对症下药,去化解矛盾
   D. 这样就既改善了人际关系又提高了交往技巧

七、下面是留学生写的两篇讲话稿，请改正文中的语病，并就该文体的写法提出修改意见：

（一）在颁奖会上的发言稿

各位老师，各位同学，《人民日报》的编辑：

你们好！今天我不能参加这个隆重的、对我有特殊意义的颁奖大会，心里太难受了，但是我希望你们大家能理解我，请你们原谅我。

我去年9月份来中国留学。那时候我的汉语水平很低。我第一个月坐出租汽车到北京师范大学，每天早上我试着跟出租司机说汉语，可他们总听不懂，连"我去北师大"他们也听不懂。我很生自己的气。因为我的汉语水平太低了，所以我决定开始骑自行车去。每天早上骑在我的自行车上，我终于发现了这个美丽的、友好的、在我梦里的中国真实的面貌。当我行进在车海人流中的时候，心里有一种说不出的感觉，我特别喜欢每天骑自行车经过的道路。所以当老师一说我们要写一篇中国见闻的作文时，我就知道了我要写的内容，这就是每天早上骑车沿途的所见所闻。

我刚来中国时中文水平很低，几个月以后我怎么能得到一等奖呢？这多亏教我的北师大老师们的帮助，他们教中文教得特别好。

我听说得到一等奖的消息时，简直不敢相信自己的耳朵。真的吗？不可能吧？但这是真的！我高兴极了，激动的心情无法形容。

这个一等奖将鼓励我继续努力学习，进一步研究汉语——这个动听的、有意思的语言。

《人民日报》海外版的编辑朋友们，我感谢你们。

亲爱的老师们，谢谢你们。

你们的学生
潘妮娜

（二）在颁奖会上的发言稿

各位领导，老师们，同学们：

你们好！我是南开大学韩国留学生郑彰培。今天有这样的机会在这儿发言，我感到很荣幸。

去年秋天老师给我们留了个作业，就是让我们在两周之内写一篇关于中国见闻的文章，当时我挺担心。其实，我1991年大学毕业以后，连韩语作文都没有写过,所以不知道怎么写才好。

心里一直有负担,那阵子我脑子里总想这个问题,但是写不出来。到了最后一天早晨才开始写,真奇怪,动笔那么难,写起来却很快。写完作文我很高兴,而且心里有以前从没有过的自信心和轻松感。从那天开始我不再怕写汉语作文了。

你们别误会,我高兴的就是我也会写汉语作文了,而不是因为我的作文写得好才高兴。其实谁都明白,我的作文不能跟中国人写的作文相比。如果相比的话,差距自然很大。虽然外国人写的文章不如中国人写的,但是我还是劝来自世界各国的留学生多写汉语作文,那样会提高汉语水平。留学生学汉语的时候一般以"视听说"为主,很少写作文。"说"有的时候不太考虑语法,只要对方能听懂就行。"听"也一样,知道对方说的什么内容就行,不再想别的。

写作就不一样,词汇、语法都得考虑,平时自己用错的句子也得纠正,而且还可以参加比赛。在中国留学有这样的机会,将来回国以后再想想多么有纪念意义啊!如果获奖,那意义就会更大,对中国的感情也会更深。

我想说的话还有很多很多,因为时间关系,今天就说到这儿了。很多很多的话,我想明年这种场合再跟大家说吧。

我非常感谢南开大学汉院的老师和人民日报社给了我这么好的机会。

谢谢!

韩国留学生
郑彰培

八、把下面这篇讲话稿扩充完整:

在结业典礼上的讲话

各位领导,各位老师,各位同学!

大家好!记得去年的这个时候,我的心里真是又激动又担忧。激动的是,我将奔向伟大的中国,我对前途充满了希望;担忧的是,我将第一次离开父母,孤单一人去那遥远的地方,那里又会怎么样?

去年9月2日,我终于踏上了中国这块美丽的土地。虽然这里的一切都似乎跟我的国家一样:同样的树木,同样的道路,同样忙忙碌碌的人们,但是,她给我的感觉却是全新的。因为这里的人说的是汉语,正是我要学习的语言。学汉语是我来中国最主要的目的,同时,我也想利用这次机会了解中国,了解中国人和中国文化。虽然一年的时间很短,但是,如果有人问我是否达到了来中国学习的目的,我会高兴地告诉他:在这一年中,我学到很多很多!真希望能够继续留在这里学习,因为我还想了解更多更多!

在这一年中,老师和同学给我留下了深刻的印象。

一年中,我还交了不少中国朋友,从而了解到许多中国人的习惯、看法和他们的思想。

课文上说:光阴似箭。转眼一年的时间已经过去,我马上就要告别亲爱的老师和美丽的校园了。北京,我的第二故乡,北京大学,我的母校,我永远都不会忘记。我更忘不了像父母和兄长一样关怀我的各位老师,是你们给了我知识,是你们帮助我成长。请允许我代表全体同学说一声:谢谢你们,亲爱的老师!

再见了,北京!再见了,北京大学!再见了,亲爱的老师!

九、汉语水平考试(高等)作文模拟试题:

1. 考试题目:在开学典礼上的讲话
2. 书写要求:全部用汉语书写(也可以用繁体字),每个空格写一个汉字,汉字书写要清楚工整。标点符号要正确,每个标点占一个空格。
3. 字数要求:400—600字。
4. 文体格式:讲话稿。
5. 考试时间:30分钟。

第十一章 热点问题评论

第一节 基本知识

一、什么是热点问题评论

热点问题是指某个时期引人注目的问题。不同时期有不同的"热点",例如,20世纪八九十年代中国出现了经商热、下海热;近几年又出现了打工热、英语热、汉语热、考研热、房地产热、科技热等等。

时代在变化,社会在发展,往日(或几年前)的热点又会被新的热点代替,热点永远处于变动状态,世上没有永恒的热点,因此,它具有时效性。就这点而言,热点问题评论也可以叫做思想评论、新闻评论或时尚评论。

二、热点问题评论的特点

1. 新闻性。包括两个方面:其一,以求真求新来满足广大群众的需求。其二,具有很强的时效性。
2. 科学性。主要体现在以科学的分析、解释、评价、论证来满足读者的需求。

3.论辩性。热点问题常因迅速出现而使人们缺乏足够的心理准备,如果不及时疏导,势必造成混乱。评论就是在矛盾中通过肯定一方、否定另一方来引导事物向一定的方向发展。

热点问题评论的论辩性要求观点明确,支持什么,反对什么,肯定什么,否定什么,应该怎样做,不该怎样做,不能含糊其辞,必须明确表态。

三、怎样写热点问题评论

1. 选择有价值的问题加以评论。什么是有价值的问题?就是广大群众最关心、最需要解决的问题。热点问题有大热点、小热点之分,分析选题时要注意以下三点:

① 选择现实性强的问题。也就是选择在实际工作生活中亟待解决的、火烧眉毛的问题。

② 选择具有典型性的问题。也就是选择具有一定代表性的问题。抓住典型进行评论,常常能起到以点带面的作用。

③ 选择针对性强的问题。也就是选择眼下矛盾比较尖锐、突出的问题。

2. 立论要正确、态度要鲜明。热点问题评论有较强的思想性,作者看问题要公正、全面。热点问题评论要一事一评,一篇评论解决一个问题,中心论点只能有一个,便于说深论透。

3. 评论要把握分寸。有时要大声疾呼,有时要和风细雨,要分清问题的性质,遣词造句要仔细斟酌。

4. 要具备一定的理论知识。至于开头、结尾、过渡、照应等写作技巧更应该很好地掌握。

第二节 例 文

(一) 评运气

随着媒介的渲染,有些人不知不觉地融进一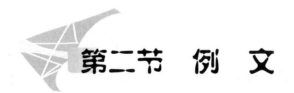

开篇指出有人卷入

个喧嚣纷扰的"碰运气"热潮中，面对未曾体验过的新奇和刺激，心被"没准走运"诱惑着，推动着，投入魔一般追逐运气的旋涡中，演绎着许多荒唐的悲喜剧。

> "碰运气"的热潮中，这是进行评论的依据。

那么，怎样看待运气呢？

我觉得运气确实是存在的，它大致分为两大类：一谓馅儿饼运气，二谓准备运气。

> 提出对运气的看法。

馅儿饼运气很好理解，就是天上突然掉下一块大馅儿饼，恰巧落在你的头上，于是你瞬间就暴富。而且那运气似乎来得那么容易，那么有趣，那么漫不经心，好像人人都可能走运。其实交这种运气的人在芸芸众生中就那么几个，凤毛麟角，其概率和比例是很低的，也没有什么规律可谈。就拿买彩票来说，那种运气像风，来不可止，去不可留，让人琢磨不透，谁也把握不住它迷离的神光。因此，绝不能把全部精力、全部财力、全部希望寄托在碰这种馅儿饼运气上。对这种馅儿饼运气要看得淡泊一些。

> 评论馅儿饼运气。

准备运气是依照人对生活的理解而久存于人们的向往和企盼之中的，人们通过自身的不断努力获得命运之神的青睐，如一位哲人所说："机会等待有准备的人。"在大变革的社会里，在竞争激烈、优胜劣汰的年代，运气永远垂青有准备的人。也许会有阴差阳错的时候，也许准备时间需要很长，让你感到很艰苦，但只要坚持准备了，不定什么时候，小运气、大运气会欢笑着朝你跑来，如鲜花和掌声抚慰你疲惫的身心，如甘露滋润你焦渴的心灵。有一个农村妇女业余时间坚持文学创作，数年如一日苦苦追求，其间深受贫困生活的煎熬，还不时受到亲友的冷嘲热讽，她在生活中淬炼得百炼成钢，终于写出了得到名家好评的长篇小说。

> 评论准备运气。

"十年寒窗无人问,一举成名天下知。"从农民到作家,看起来似乎是运气,但这运气是创造出来的,是必然会到来的。所谓"长期积累,偶尔得之",说的就是积累和运气之间的辩证关系,只要用心去做,哪一件小事不能成就大业呢?

这种准备运气只垂青那些懂得追求它的人,只喜欢有理想的实干家。你若想得到它,你就该努力奋斗,积极争取。

> 结尾得出结论:若想得到这种准备运气,就该努力奋斗,积极争取。

(作者:张鹰,有改动)

生 词 语

1.	渲染	xuànrǎn	(动)	比喻夸大地形容。
2.	喧嚣	xuānxiāo	(动、形)	①叫嚣,喧嚷。②声音杂乱。
3.	纷扰	fēnrǎo	(形)	混乱。
4.	热潮	rècháo	(名)	指蓬勃发展、热火朝天的形势。
5.	旋涡	xuánwō	(名)	比喻牵累人的事情。
6.	演绎	yǎnyì	(动)	表现;发挥。
7.	荒唐	huāngtáng	(形)	(思想、言行)错误到使人觉得奇怪的程度。
8.	馅儿饼	xiànrbǐng	(名)	baked pie with stuffing
9.	暴富	bàofù	(动)	突然发了大财(多含贬义)。
10.	漫不经心	mànbùjīngxīn		随随便便,不放在心上。
11.	芸芸众生	yúnyúnzhòngshēng		指众多的平常人。
12.	凤毛麟角	fèngmáolínjiǎo		比喻稀少而可贵的人或事物。
13.	概率	gàilǜ	(名)	某一类事件在相同条件下可能发生也可能不发生,表示发生的可能性大小的量叫做概率。
14.	淡泊	dànbó	(动)	不追求名利。
15.	企盼	qǐpàn	(动)	盼望。

16. 优胜劣汰	yōushèngliètài		指在竞争中,强者取胜,弱者被淘汰。
17. 垂青	chuíqīng	(动)	用黑眼珠看。表示看得起。
18. 阴差阳错	yīnchāyángcuò		比喻由于偶然因素而造成了差错。
19. 焦渴	jiāokě	(形)	十分干渴。
20. 煎熬	jiān'áo	(动)	比喻受折磨。
21. 冷嘲热讽	lěngcháorèfěng		尖刻地嘲笑和讥讽。
22. 淬炼	cuìliàn	(动)	锤炼(多用于抽象事物)。淬,指淬火,即把金属器件加热到一定程度,然后放进水里急速冷却,以提高硬度和强度。
23. 百炼成钢	bǎiliànchénggāng		比喻久经锻炼,变得非常坚强。

简析

　　运气是人们经常谈论的话题,然而却很少有人辩证地评论它。

　　本文作者抓住生活中常遇到的这一话题,进行科学分析,把运气分成两类,并对馅儿饼运气和准备运气进行了有理有据的评论,进而告诫人们只有努力奋斗,积极争取,才能得到运气。这篇评论既解决了人们的认识问题,又具有指导意义。

　　留学生练习写这类评论,可以培养其分析问题和解决问题的能力。

(二) 水源匮乏　不容乐观

——生命之源浅论

　　水是生命之源,如果不喝水,人一天也支撑不下去。中国是严重缺水的国家,我们虽然拥有长江、黄河、黑龙江、珠江等江河,但远远不能满足决决十三亿人口的需要。

中国人均占有2400立方米的水,仅为世界平均占水量的四分之一,世界近200个国家(地区),中国排名121位,乃贫水之国。 <!-- 用数据说明中国是缺水的国家。 -->

中国六百多座城市,百分之八十以上缺水。天津缺水,于是先引滦入津,接着又引黄入津,仍入不敷出。北京、广州、济南、西安、大连……缺水城市数不过来。最缺水的是中国西部,如山西、宁夏、甘肃等省区,许多农民用水窖蓄水,将雨水引进窖里储存起来,供人畜饮用。一盆水先淘米后洗脸、洗脚,最后浇庄稼,滴水如油。有些地方水源奇缺,甚至威胁到人们的生存。

离江河较远的大中城市不得不开采地下水。20世纪60年代以前,中国仅有京、津、沪、西安等城市开采地下水,目前有一百多个城市地下水下降。

中国幅员辽阔,年降水量少,分布不均匀,是缺水的主要原因之一。另外,人为浪费水资源也是缺水的原因。例如,农民用大水漫灌庄稼,城市用水龙头冲洗汽车,公共场所长流水却无人管,小作坊、饭店等等浪费水也十分惊人。 <!-- 指出缺水的主要原因。 -->

人们误以为水是取之不尽、用之不竭的资源,于是无节制地浪费。目前,许多河流、湖泊污染严重,鱼死虾浮,臭不可闻,使本来就少得可怜的淡水更是雪上加霜。

庆幸的是,广大群众终于清醒:再不珍惜水,真就活不下去了。北京等大城市率先推出节水龙头、节水马桶。有些学校也开始注意培养学生的节水习惯了。许多农场、农户引进新技术,采用滴灌,节省了许多水资源。有些工厂处理污水达到排放标准,可以浇地养鱼。 <!-- 群众采取多种节水措施。 -->

为了解决京、津、冀等北方地区用水问题,国家投入巨资搞南水北调工程,不久的将来,长江水会不远千里流向北方,可缓解缺水之急,这是造福千秋的大事。不过即使长江水北调,也不能大手大脚浪费水资源。高昂的造价不得不使人小心谨慎,超标用水会使水价更加昂贵。

> 警示大家:有了水也不能浪费。

　　水是个沉重的话题,无论现在还是将来,我们都难以摆脱水的困扰。每个公民都应该有清醒的认识:我们生活在贫水国度里,要养成节约水光荣,浪费水可耻的风尚。另外,还要加大水资源的开发和管理力度。

> 结尾发出倡议:要养成节约水光荣,浪费水可耻的风尚。

(作者:石川,有改动)

生 词 语

1. 匮乏	kuìfá	(形)	(物资)缺乏;贫乏。
2. 泱泱	yāngyāng	(形)	形容气魄宏大。
3. 水窖	shuǐjiào	(名)	为储存水,从地面往下挖的深坑,坑壁多砌上砖石。
4. 奇缺	qíquē	(动)	非常缺乏。
5. 幅员	fúyuán	(名)	领土面积。
6. 漫灌	mànguàn	(动)	不平整土地,也不筑畦,让水顺着坡往地里流。
7. 流淌	liútǎng	(动)	流动。
8. 取之不尽,用之不竭	qǔzhībújìn, yòngzhībùjié		形容很丰富,用不完。
9. 节制	jiézhì	(动)	限制或控制。
10. 雪上加霜	xuěshàng-jiāshuāng		比喻一再遭受灾难,损害更加严重。

11. 庆幸	qìngxìng	（动）	为事情意外地得到好的结局而感到高兴。
12. 率先	shuàixiān	（副）	带头；最先。
13. 造福	zàofú	（动）	（为人）谋求幸福。
14. 高昂	gāo'áng	（形）	很贵。
15. 造价	zàojià	（名）	制造或建造所需的费用。
16. 可耻	kěchǐ	（形）	应当认为羞耻。
17. 风尚	fēngshàng	（名）	一个时期内的社会风气。
18. 力度	lìdù	（名）	力量的强度；力量大小的程度。

简析

在贫水的中国，关心、珍惜水资源是每个公民的责任。作者抓住水展开评论，颇有价值。水资源匮乏，人为浪费水的情况又十分严重，若不刹住浪费水的歪风，后果不堪设想。

本评论观点明确，颇具警示作用。它既可教育广大群众懂得水的宝贵，养成节水的好习惯，也可提醒有关部门自觉加大对水资源的开发和管理力度。

（三）评"比上不足，比下有余"

现在有些留学生的汉语成绩不上不下，总处于中间状态，这时他们不是努力进取，力争上游，而是颇有些得意地说："可以了，比上不足，比下有余嘛。"

> 开篇提出评论依据。

在这个竞争激烈的社会里，为什么会出现这种论调呢？

原因主要有三个：一是对危机感认识不深；二是缺少远大抱负；三是遇事爱强调客观因素，不作自我反省。

> 指出这种论调是由三个原因造成的。

当今社会要求个人充分发挥自己的才智来为自己创造和争取机会，因此，人与人之间的竞争将会越来越激烈。甘居中游，就意味着你放弃了竞争，放弃了为自己争取机会。当然，在学校学习时可能你比上不足，比下有余，好像什么都没有失去，还可以获得足够的精神自慰。然而，有朝一日，你走入社会，一切都要靠自己争取才能获得时，你还能因比上不足，比下有余而感到满足吗？要知道，在你停止不前、满足现状的同时，在你之"下"的人并没有停止努力，而且随时有可能超越你，你还能永远居于中游而自我陶醉吗？当你发现你在别人之"下"时，后悔都来不及了。

分析第一个原因：对危机感认识不深。

要上进，就得有抱负。俗话说，立志是走向成功的第一步。连想都不想上进，能到上游吗？很多有成就的人，都是先立志，后成功的。古人诸葛亮曾告诫他的外甥说："志当存高远。"鼠目寸光的人，看不到远大的前程，不为远大目标奋斗，永远也不会站到先进的行列里。我们应当有决心，有信心，不断上进，在国家建设大业中做一番事业。

分析第二个原因：缺少远大抱负。

有的人总认为别人能获得某方面的成功是因为客观条件好。不知你想过没有，在客观条件相同的情况下，为什么有的同学学习成绩就能上去，你为什么就居中游？所以遇到什么事，不要只强调客观原因，好像有了足够的客观因素，你就能安心似的。这除了得到一点儿精神上的安抚以外，并不能解决一点儿现实问题。应当抛开这种看问题的方式，多从主观上找原因，这样做才能激励自己更加努力，不断超越自己，日益进步。

分析第三个原因：常强调客观因素。

鲁迅有句名言："不满是向上的车轮。"同学们千万不要以"比上不足，比下有余"为荣，而要驾驭"不满"的车轮，一步一步向上攀登。

引用鲁迅的名言，号召同学们不要满足，要一步一步向上攀登。

(作者：金荣振，有改动)

第十一章 热点问题评论

生 词 语

1. 比上不足，比下有余　bǐshàngbùzú, bǐxiàyǒuyú　　跟水平高的比,不如人家;跟水平低的比,还强一些。只满足于中等水平。多用来表示基本满足,没有更高的追求。

2. 进取　jìnqǔ　（动）　努力上进,以求有所作为。

3. 力争上游　lìzhēngshàngyóu　　努力奋斗,争取先进。

4. 远大　yuǎndà　（形）　长远而广阔,不限于目前。多用来形容志向、计划等抽象事物。

5. 抱负　bàofù　（名）　远大的志向。

6. 反省　fǎnxǐng　（动）　回想自己的思想言行,检查其中的错误。

7. 才智　cáizhì　（名）　才能和智慧。

8. 甘居中游　gānjūzhōngyóu　　情愿处于中间状态,不求上进(多含贬义)。

9. 意味着　yìwèizhe　（动）　含有某种意义。

10. 自慰　zìwèi　（动）　自己安慰自己。

11. 有朝一日　yǒuzhāoyírì　　将来有一天。

12. 超越　chāoyuè　（动）　超过。

13. 上进　shàngjìn　（动）　向上;进步。

14. 立志　lìzhì　（动）　立下志向。

15. 告诫　gàojiè　（动）　(对下级或晚辈等)警告劝诫。

16. 外甥　wàisheng　（名）　姐姐或妹妹的儿子。

17. 鼠目寸光　shǔmùcùnguāng　　比喻目光短浅。

18. 安抚　ānfǔ　（动）　安顿抚慰。

19. 驾驭　jiàyù　（动）　使服从自己的意志而行动。

简析

　　这是一篇留学生习作,作者对留学生中存在的"比上不足,比下有余"论调进行了分析评论,很有针对性。
　　作者认为产生这种论调有三个方面的原因，并分别对

> 这三个原因加以分析。我们觉得作者对前两个原因的分析是有道理的,能说服人。对第三个原因的分析有些牵强附会,因为在文章中看不出"比上不足,比下有余"是学生所强调的客观因素,所以在这方面需要加以补充,使文章更言之有理。

(四) 生活需要毅力和乐观

人为什么活着?人该怎样活着?这是一个令人深思的问题。我曾想了很久,现在终于找到了答案:人活着,要乐观;人活着,要有坚强的毅力和坚定的信心。这样,活着才有乐趣,才有意义。 _{开篇提出论点:生活需要毅力和乐观。}

去年,我们院子里发生了一件令人震惊的事——一个刚刚毕业的大学生跳楼自杀了。真不可想象!我听到这个消息时惊呆了。不是吗?大学生,可以算是年轻一代人中的佼佼者,有什么事能让他自杀呢?原来这位大学生一时找不到理想的工作,就轻率地了结了自己的生命。 _{交代写这篇评论的直接原因。}

事情过去了很久,但我一直没有忘记。我不得不说,我看不起那位大学生。他不知道国家培养一名大学生需要多少人、财、物,也不知道养育他的父母付出多少年的心血,只看到眼前的一点儿挫折,一时找不到理想的工作就了结自己的一生,这值得吗?真是太不值得了! _{对自杀事件进行评论,认为太不值得。}

人生的道路不会是平平坦坦的,总会有一些坎坷,渡过难关之后,总会出现一片光明前程。中外有多少人都是经受了无数次的失败而成功的。其中有些还是残疾人,但他们仍然坚强、快乐地活着。 _{从理论的高度提出怎样渡难关。}

张海迪,这是每个人都知道的英雄,她高位截瘫,不但快乐地生活着,还学会了几门外语,学会了医学,为许多病人解除了病痛,尽管她自己还忍受着疾病的折磨。是什么力量支撑着她?是乐观的精神和顽强的毅力。

在中、日、尼三国双跨珠峰的过程中,我们的队员被称作世界一流的硬汉,狂风暴雪摧不垮他们,他们终于实现了登顶的夙愿。是什么支持了他们?是什么使他们不怕困难?是顽强的毅力。"世上无难事,只怕有心人。"只要坚持,不退缩,再大的困难也算不了什么。

我们的生活,不就像登山吗?有狂风,有冰雪,有重重阻碍。我们就像那登山的人,在奋力攀登。然而,有人上去了,有人经不住考验,被风雪打下来淹没了。那自杀的大学生不就是个失败者吗?

人活着要乐观,要有毅力,不能向困难低头。只有这样,你才会发现世界是多么美好!

(作者:武铭,有改动)

> 用张海迪的事例证明论点。

> 用中、日、尼三国队员实现双跨珠峰的夙愿证明论点。

> 结尾再次强调论点。

生 词 语

1.	乐观	lèguān	(形)	精神愉快,对事物的发展充满信心。
2.	震惊	zhènjīng	(形)	大吃一惊。
3.	佼佼者	jiǎojiǎozhě	(名)	超出一般水平的人。
4.	轻率	qīngshuài	(形)	言行随便,没有经过慎重考虑。
5.	了结	liǎojié	(动)	完结;彻底解决。
6.	养育	yǎngyù	(动)	抚养和教育。
7.	坎坷	kǎnkě	(形)	地面高低不平。比喻人生旅途不顺利。
8.	高位	gāowèi	(名)	(肢体)靠上的部位。
9.	截瘫	jiétān	(动)	腰部以下或下肢全部或部分瘫痪,多由脊髓疾病或外伤引起。

10. 顽强	wánqiáng	（形）	坚强；不动摇。
11. 退缩	tuìsuō	（动）	向后退或缩；畏缩。
12. 考验	kǎoyàn	（动）	通过具体事件、行动或困难环境来检验(是否坚定、忠诚或正确等)。
13. 淹没	yānmò	（动）	（大水）浸没。
14. 懦夫	nuòfū	（名）	软弱胆小的人。

> **简析**
>
> 本文就一名刚毕业的大学生因一时找不到理想的工作而跳楼自杀一事进行评论，从而提出"人活着，要乐观；人活着，要有坚强的毅力和坚定的信心"的命题，这样的评论在生活中是很有现实意义的。
>
> 另外，本文论述层次十分清楚，先从理论的高度提出怎样渡过难关，接着用现实中的两个实例论证了自己的观点，很有说服力。

第三节　留学生习作点评

（一）我看"人造美女"

随着社会的大发展，人们的生活水平越来越提高①，人们越来越关心自己的外貌了②。于是出现了一个新生词"人造美女"③。这个词语指的是在像现在人们喜欢自我表现的社会里④，有些人对自己的外貌感到不满，就用整容手术来改变一下自己，想吸引更多人的眼球⑤。通过这样的办法，有些很平凡的女性一下子"脱胎换骨"变成一个所谓的"美女"⑥，这就是人们说的"人造美女"。

像硬币有正面和反面一样⑦"人造美女"也有利与弊。

"人造美女"会更加有自信心⑧。最近越来越多的少女对自己的外貌感到不满,这样就跟别人交往总是被动⑨,越来越失去信心⑩,便开始埋怨自己或父母,甚至命运。这样的人通过整容手术变成一个"美女",可以处处表现自己,让人刮目相看。看来这是个很简单、很有效果的一种办法。但是我个人认为这并不是个最好的办法。因为整容手术有可能会产生巨大的后果⑪,一旦手术失败了,原来的脸想恢复也恢复不过来⑫。现在的确有很多人因为这样的原因过些不幸的日子⑬。还有一个原因,我们韩国人认为这种整容手术是自我欺骗的行为。因为这脸不是父母给的,而是人造的了,所以自己虽然不想让别人告诉事实⑭,但总会有人发现的。

　　总的来说,我觉得应该用别的方式来解决现实问题,不要自我欺骗。

评改

　　① "提高"是动词,"越来越"表示程度随着时间发展,后面应该加形容词,可把"提高"改为"高"。

　　② 在"人们"后加上"也",使前后两个分句在结构上更紧凑。

　　③ "新生词"改为"新词语"。

　　④ 介词短语"在……里"内部结构太复杂,可改为"在现代社会里人们喜欢自我表现"。

　　⑤ 前后两句是行为与目的关系,把动词"想"改为表示目的关系的连词"以"。

　　⑥ "平凡"改为"平常"。"平常"常用来形容外貌。

　　⑦ 此处应断句,加上逗号。

　　⑧ 这一句前面可加上"从积极的方面来看"。

　　⑨ "这样就"改为"因而"。"被动"改为"处于被动地位"。

　　⑩ "信心"改为"自信心"更明确。

　　⑪ "巨大"改为"严重"。

◆◆◆ "巨大"与"严重"的区别：

"巨大"指(规模、数量)很大，一般用于具体事物，也可用于抽象事物。例如：

(1) 这项工程规模巨大。
(2) 他的事迹给了我们巨大的鼓舞和力量。

"严重"指程度深；影响大；(情势)危急。不一定含有贬义，但一般不用于好的方面。例如：

(3) 这是一起严重的交通事故。
(4) 他的病情非常严重。

⑫ 句末加上"了"。
⑬ "过"后面加上"上了"或"着"，把"些"删掉。
⑭ "不让别人告诉事实"语义不明确，应改成"不想让别人说出事实"。

评语

这是一位韩国留学生在30分钟内完成的HSK(高等)命题作文。

文章首先说明"人造美女"出现的社会背景，并对"人造美女"下了定义；接着从积极和消极两个方面来看当今社会"人造美女"现象，论述比较客观、公正。这是本文成功之处。不足之处是结尾显得太仓促，没有具体提出解决问题的办法。如可以通过学习，提高个人素质，以真才实学打动别人，以气质吸引别人，而不仅仅是以容貌吸引人等。

(二) 我看"顾客永远是上帝"

这是一个顾客至上的时候①，顾客是所有企业的根本利益所在。尽管哪家企业②都在说要以顾客为中心，要为顾客创造价值，要使顾客满意等等。当然，这是事实。顾客是企业生活的基础③，顾客是衡量企业行为质量的标准，所以很多企业提出了"顾客永远是上帝"的口号,尤其是服务性行业。

　　现在很多企业的员工在议论这个口号,他们说什么"你是上帝,我就是仆人了,我就得满足你提出的任何要求,就得伺候你"。对这些议论,笔者暂不作评论,只想说一些看法对这个口号④。

　　如果要员工真正尊重顾客,所以必须使员工首先感到自己受到尊重⑤。我想真正的尊重是相互的,而不应当是单方面的。企业首先应该尊重自己的员工,这样才能让员工真正尊重顾客。如果员工感觉自己在商家和顾客之间什么都不是,那样就不会有好心情,又就不会有高质量的服务⑥。所以,你不能当着顾客的面对员工说"顾客永远是上帝"这样的话,因为这不是员工所希望听到的。

　　总之,在当今这个年代,提"顾客永远是上帝"这个口号已经不再合适了。商家和顾客是一种平等、互利、合作、双赢的伙伴⑦。商家提供优质为顾客的服务⑧,并获得利润从顾客那里⑨,而顾客支付费用后,商家理所当然地优质、快捷、方便的服务⑩。

评改

① "时候"应改为"时代"或"年代"。

② 连词"尽管"的作用是先承认某事,紧接着用"但是"等引出评论。本文下边没有相关的直接评论,应删去"尽管"。

③ "生活"应改为"生存"。

④ 这句话语序不对,应调整为"只想对这个口号说一些看法"。

⑤ 前后两个分句是假设关系,而不是因果关系,应改用"如果……那么……"格式。

⑥ "又"应改为"也"。

⑦ "伙伴"后应加"关系"。

⑧ 这句话的语序不对,应调整为"商家为顾客提供优质的服务"。

⑨ 这句应调整为"并从顾客那里获得利润"。

⑩ 这个句子里缺少动词,应改为"商家理所当然地提供优质、快捷、方便的服务"。

> **评语**
>
> 　　作者在这篇习作中提出"在当今这个年代,提'顾客永远是上帝'这一口号已经不再合适了"的看法,这也可能是一家之言,不过言之基本有理。作者在第一自然段交代企业为什么提出这个口号,在第二、三自然段简单表明对这一口号的看法,在第四自然段指出商家与顾客的关系,层次基本是清楚的。
>
> 　　由于这是篇课堂作文,作者受自己的汉语水平、理论水平和时间的限制,没有把问题分析得更透彻一些,因此也就缺乏更强的说服力。

练　　习

一、模仿造句：

1. 无论干什么事,他都漫不经心,自然经理不会给他加薪。

    无论_____,_____都漫不经心,_____。

2. 父亲刚去世,他偏偏又大病了一场,真是雪上加霜。

    _____,_____,真是雪上加霜。

3. 我们要力争上游,保证今年生产上一个新的台阶。

    _____要力争上游,_____。

4. 随着科技的发展,有朝一日,我们会到月球去旅游。

    _____,有朝一日,_____。

二、用下面词语造句：

1. 优胜劣汰　　　　　　2. 阴差阳错
3. 冷嘲热讽　　　　　　4. 百炼成钢
5. 甘居中游　　　　　　6. 有朝一日

三、选词填空：

应该	学历	幸福	职业	乐趣	并且	实在
权力	意味	发生	追求	因此	健全	即使

丁克族是指一些有较高_____、较稳定_____和收入的中青年男女，虽然结婚了，_____也具备生孩子的能力，但却主动放弃生孩子的_____，这样组建的家庭就叫丁克族。

之所以会出现丁克族，说明人们的观念_____了很大的变化。

古人说：养儿防老。生养儿子就是为了到老年时儿子能养老送终。但现在一些年轻人认为，随着社会保险和养老制度的建立和_____，养老不会成为问题。再说_____有孩子，也很难保证他们能十分周到地照顾四位老人。_____没有必要生养孩子。

当今一些年轻人，特别是女青年，他们有自己的事业和_____，她们追求自身解放和社会价值被承认。她们认为要孩子就_____着要为孩子付出一切，她们_____不想再忍受专门伺候丈夫和孩子的简单家庭劳动。

结婚后是要孩子好还是不要孩子好，真是"仁者见仁，智者见智"。我觉得一个家庭如果没有孩子，会少了很多_____，会觉得婚姻有些缺憾。孩子会给家庭带来快乐、_____，而这种感觉是用钱买不到的，也是什么东西都代替不了的。因此我觉得一个完美幸福的家庭_____有孩子。

四、判断正误：

1. 实况录音比较难，有的地方，我听得懂，有的地方，我不听得懂。
2. 人们所以把粽子扔到江中喂鱼，为了不让鱼吃屈原的身体。
3. 因为她明天就要回美国了，所以我今天应该去看她。
4. 医生做了六个钟头的手术，一分钟也没休息了。
5. 为了获得良好的广告效应，他们公司不惜巨资制作了一批很精美极了的宣传品。
6. 广告上说经常服用这种滋补品可以调整、改善睡眠状况，从而增长健康。
7. 我们经理时时处处都向顾客的方便，所以公司越办越好，越办越大。
8. 在人才培训方面，他还真有一套，经他培训起来的人，业务水平比较都高。

9. 中年妇女又要拼命地工作在单位,又要操持家务在家里,而且肩上的责任不轻啊。

10. 现在工作节奏这么快,连休闲的时间都没有,于是我的一个朋友开玩笑说:"不光赚钱难,花钱也不容易呀!"

五、编写会话,并用上所给的词语:

题目:请你帮我构思一下儿
词语:评论　热点问题　中心论点　写作意义　针对性　帮忙　修改

六、把下面各组分句排列成一段话:

1. A. 眼下的征婚广告特别夺人眼球
   B. 不是"有车、有房的外企白领",就是"收入颇丰的成功人士"
   C. 外加"绅士风度"、"淑女气质"等一连串绚丽诱人的描述
   D. 令求婚男女争相应试,却又屡屡被骗

2. A. 不仅有利于国民经济的发展
   B. 宠物产业的发展意义深远
   C. 更与打造人与动物和谐相处的环境
   D. 创建和谐社会的国家政策相吻合

3. A. 这种观点虽然有失偏颇
   B. 有人评价现在的大学生是高等文凭、低级能力、少儿心态
   C. 但也折射出时下我们在子女教育中出现的一些发人深思的问题
   D. 应当引起家长们的足够重视

4. A. 检查人员是一个医生或是一个肉品专家
   B. 到下次检查通过才可开门营业
   C. 新加坡餐厅每个月固定有一两次卫生检查
   D. 检查不合格就勒令歇业一段时间

5. A. 过期失效的药
   B. 自己不能吃
   C. 也不能随意卖给收药的小贩

D. 防止因转手卖给他人造成对他人的伤害

6. A. 鸟类是大自然最精美的杰作
   B. 鸟类数量及种群量在急剧减少,灭绝速度也在不断加快
   C. 然而由于生态环境的恶化和人为捕杀
   D. 也是人类最可爱、最漂亮、最友善的朋友

7. A. 而伴随冷空气的来去
   B. 因此,老年人要随着气温的变化而随时增减衣服
   C. 气温、气压、降水等也会发生变化
   D. 秋季是一年中冷空气活动较为频繁的季节

8. A. 我认为虽然校服是必不可少的
   B. 这样,同学们高兴,老师也高兴啊
   C. 但也别成天穿在身上
   D. 让我们多穿穿五颜六色的衣服

七、阅读下面这篇评论,并根据热点问题评论的写作要求谈谈你的看法:

评"本科以上,35岁以下"

"学历本科以上,年龄35岁以下",这几乎是中国国内各种人才招聘通用的必不可少的两个硬条件。

用一句流行的话说,眼下用人单位,常常是对博士生"敞开门",对硕士生"开着门",对本科生"留一扇门",对专科生"闭着门",至于专科以下者无论怎样敲也"打不开门"了;博士生住三间房,硕士生住两间房,本科生只住一间房。不管你实际工作能力大小,甚至不管你专业是否对口,只要你拥有博士学位或硕士学位,找工作就容易,好像他们都是"万金油",相反,没这个学位,再有本事也只有望而兴叹。

最近,笔者看到国外一些关于人才招聘的消息:据日本《东方时报》报道,许多日本企业在招聘时,不让面试人员知道应聘者的学历、毕业的大学名称,只问应聘者为什么对本企业感兴趣、今后有什么打算,以了解其掌握的专业知识、应变能力等。无独有偶,韩国的某家信息网站对195家企业进行了调查,结果显示,85%的企业不会给高学历求职者加分,而且,

这些企业非常希望在大专或职业高中生中招聘新员工,因为这些人的薪水相对低些,而且也具有一定的专业知识,上岗后很快能成为企业骨干。

至于说要求应聘者"35岁以下",同样是用人单位的一种"情绪化,随意性"的表现。人年轻,身体好,思想开放,有活力,当然是好事,但并不是任何职业、任何工作岗位都非得要35岁以下。事实上,有的工作或许更适合年龄稍长的人才。最近,美国一家有名的跨国公司专门招纳50岁到70岁的求职者。这家公司负责人解释说,因为年龄大,才有广博的阅历、丰厚的经验和学识,公司用不着花钱专门搞培训;而且年龄大办事老练、细心,用在某些岗位上比年轻者好得多。

日本人田中耕一在2002年10月9日获得诺贝尔化学奖后,有人在《文汇报》上刊文提出了这样一个假设:"假如由中国人来评这个诺贝尔奖的话,能把这个奖颁发给田中这样没有职称、没有头衔的'小人物'吗?我们眼中的人才,往往有一大堆头衔和光环,我们不仅患有高学历崇拜症,而且还把学问的高低跟职务的高低联系起来。"事实是43岁的田中耕一既非教授,亦非博士,甚至连硕士学位都没有,只是岛津制作场一名非常普通的工程师。

时代在飞速发展,在对人才的认识上,在用人的机制方面,更应该与时俱进,学学"无履历用人"的方法。只有从用人的实际需要出发,不受学历、年龄和资历的限制,科学地考察人才,才能从根本上优化人力资源配置,降低人才的使用成本。

八、认真阅读下面学生习作,并对语病、标点错误及文体写法提出自己的修改意见:

谈"说真话"

说真话是正确真实地表达内心想法,客观地评价周围的事物。从小老师就教我们要说真话,因为说真话是人类的一项传统美德。

说真话很"痛快"。当一个人将自己真实的想法讲述给别人时对于讲话者本身来说,心里会感到很舒服。从心理学角度来说,每个人都喜欢真诚,讨厌虚伪,说真话能够使人的心理得到很大程度的满足。曾经有一项心理学调查研究表明,说真话的人的心电图象比说谎话的人要平稳得多。

每个人都不是完美的,或多或少的存在缺点,而自己却很难发现。所以真实客观的评价是必不可少的。历史的推动少不了"说真话"的建言者,最著名的要数唐朝丞相魏征了,他一生不畏权势,大胆建言,大至国家治理,小到言行举止,受到唐太宗李世民的赏识与重用。这样的例子还得多,宋朝的寇准,也是因为在朝廷上敢于"说真话",得到了皇帝的器重。大凡明君其周围都不乏有能建言的好帮手。这些都说明了"说真话"有利于人的进步和社会的发展。

同时,"说真话"还能得到福气。有一个故事是这样的,一个贫穷的农夫把自己的斧头不慎掉入河中,很沮丧,这时河神出现,第一次捞出一把金斧头,农夫摇摇头,第二次捞出一把银斧头,农夫仍摇摇头。最后捞出一把铁斧头,农夫点头,河神很高兴将三把斧头都送给了他。农夫高兴地拿着回家了。而另外一个人听闻后,将自己的斧头扔进河中,装模作样的哭,这时河神出现,捞出一把金斧头,他欣然接受,河神愤怒,结果此人什么斧头也没得到。这故事告诉我们,"说真话"的人可以得到幸运的福气。

总之,说真话是一个好的美德,虽然在现今社会,因为各种权力和金钱的欲望,"说真话"的人越来越少,但是我想我们还是应该发扬这个美德。

九、阅读下面材料,并写一篇评论,题目自拟:

曹大娘的儿子于三年前中专毕业,为了给孩子找一个好点儿的工作,曹大娘找遍了所有的亲戚朋友,也花费了不少钱,最终儿子被某建筑工程公司聘用。虽然每天风里来雨里去,在工地上比较辛苦,但每月2000多元的收入对于十八九岁的小青年来说也不少了。谁知道这个独生子是个眼高手低的主儿,对这份别人看起来不错的工作并不满意。经过几次深入交谈,曹大娘才了解到,原来儿子把每月工资的起点定位在3000元,并且已决定辞职另谋出路。曹大娘向儿子反复讲明目前的就业形势和自身的劣势,希望他在原单位继续干下去。可儿子说,决心已下,绝不回头。到目前儿子已下岗半年多了,还没找到理想的工作。看到每天在家闲逛的半大小子,曹大娘急得不得了,可儿子并不着急,还说是金子必然要发光,好工作就在后头。

十、根据写作要求,就当前的热点问题写一篇评论,题目自拟。

十一、汉语水平考试(高等)作文模拟试题：

    1. 考试题目：花钱买健康

    2. 书写要求：全部用汉语书写(也可以用繁体字)，每个空格写一个汉字，汉字书写要清楚工整。标点符号要正确，每个标点占一个空格。

    3. 字数要求：400—600字。

    4. 文体格式：评论。

    5. 考试时间：30分钟。

第十二章 文学评论

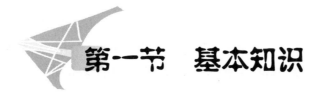

第一节 基本知识

一、什么是文学评论

文学评论是读完一篇(一部)文学作品之后写出的批评或议论的文章。属于议论文的范畴。

二、文学评论的特点

1. 文学评论有两个标准：一是作品的主题、内容、社会效果等。二是作品的人物形象、情节、语言等等。
2. 文学评论要遵循好处说好，坏处说坏的原则，以作品本身为基础进行评价、论述，不能因为作者是名家就盲目吹捧，也不能因为作者没名气就贬低、嘲讽，应力求公允、合理。
3. 文学评论可以从不同角度分类，如小说评论、诗歌评论、散文评论、影视评论、曲艺评论等。长评论可以写一两万字，短评论千把字，既可以全方位评论，也可以选取其中一两个侧面谈体会、写感想。无论长短，都应该有独特见解,切忌人云亦云,了无新意。

三、如何写文学评论

1. 反复精研细读,深入理解作品。只有对作品理解了,你的评论才是由作品中发出来的,不然的话,就可能写成脱离原作的空议论。所谓深入理解,就是对作品的思想内容、创作目的、表现手法、人物形象、布局谋篇、语言风格等有清晰的了解。

2. 抓住特点,写出新意。抓住特点,一要切合文学的共同规律(如虚构、夸张),二要突出评论对象的独特个性。只有抓住特点,评论才容易写出新意。对于初学者来说,不必面面俱到,而要学会选取一两个侧面,突出评论要点。

3. 叙议结合,有理有据。一篇文学评论,不论篇幅长短,材料多寡,从语言表达角度说,要做两件事情:一是介绍作品的有关内容,二是发表评论者的意见。前者用叙述,后者用议论。叙述是议论的基础,议论是叙述的开掘,叙议结合才能避免文章空泛浅薄。评论中的叙述文字起两种作用:一是故事梗概或总体形象的勾勒,二是具体情节或细节的援引。前者多半用在评论的开头部分。

4. "析"、"赏"交融,文情并茂。文学评论既是一种科学,也是一种艺术。写文学评论,作者不仅要具有敏锐的眼光、丰富活跃的联想能力,而且还要有一定的文艺理论知识和较高的鉴赏能力。此外,叙述要准确,分析要中肯,语言既要有思辨性、逻辑性,也要有文采。其实,评论也是一种创作,要动脑筋下工夫。

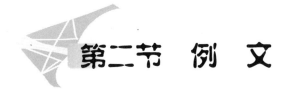

第二节 例 文

（一）清水芙蓉 高贵靓丽
——评韩起的小说《荷花》

读完韩起的《荷花》，那位卖折扇的乡下小姑娘荷花的音容笑貌历历在目，真想握握她的手或者吻她一下儿，因为荷花太招人喜欢了。

> 写荷花招人喜欢。

故事发生的时间大约在20世纪80年代，当时改革开放的春风吹遍了神州大地，唤起了农民的经商意识。在这种大气候下荷花才有机会出来卖手工制作的折扇。

> 简述小说梗概以引出评论。

车站的候车室人来人往，是做生意的最佳去处，荷花来这里卖折扇体现了她的聪明。一把折扇仅卖一角钱，只有在上世纪80年代才那么廉价，十余把折扇都卖了，不过块把钱，足见农家的贫困，生活的艰难。

有句话叫"穷人的孩子早当家"。那种工艺简单，带几分粗劣的折扇，点染了荷叶、荷花，给人以清新、凉爽的感觉。但这毕竟不是名家大腕的手笔，没多少人感兴趣。

一角一把折扇，近乎白送，但仍有人"砍价"，一把只给五分钱。荷花不改初衷，坚持一角钱一把，这是底线。竹片、纸张、颜料以及手工，一角钱卖得没什么赚头。荷花说话算数，定价一角已经低到赔本赚吆喝的程度了，顾客太"那个"了。

如此便宜的折扇还有人趁火打劫，可恶的小

111

偷太不近人情了。荷花的不满和愤怒是正常的,她不知疲倦、不惧风险地与小偷周旋,甚至从小偷兜里掏出偷的钱包。柔弱少女不惧强暴,见义勇为,令须眉男人的"我"无地自容。

"我"的钱包失而复得,"我"感动、感激,给荷花五元钱买折扇,荷花执意不要。"我"取了一元一角钱,表示买下十一把扇子,而荷花"挑了一把最好的扇子给我,然后将一元塞我手中"。

荷花缺钱,但没有一丝贪婪,她心如明镜,对方买下所有折扇是出于"报恩",并非真的喜欢或需要扇子,荷花太聪明、太纯正了。"我们农家做得不好,你们城里人看不上的。"真诚的谦虚、合理的借口,让人五体投地。

纯洁、勇敢、善良、真诚、聪明,在荷花身上体现得淋漓尽致,真如一朵出水芙蓉,一尘不染,高贵靓丽,让人拍案叫绝。

> 总结荷花的性格。

小说不过两千多字,场面不多,情节单纯,作者主要采用了对比手法。荷花与"我"的对比,荷花与小偷的对比,即勇敢与怯懦、美与丑的对比。象征是本文的另一手法。题目叫《荷花》,主人公叫荷花,折扇上画荷叶、荷花,并非巧合,而是因为荷花"出淤泥而不染","小荷才露尖尖角,早有蜻蜓在上头","清水出芙蓉,天然去雕饰"……所以从古至今,中国人崇拜、钟情荷花,作品中的主要人物——卖折扇的农村少女——叫荷花最恰当不过,若叫腊梅、菊花都不如荷花。

> 评论小说在写法上的特点:采用对比和象征的手法塑造人物。

小说的主要任务是通过人物形象来反映社会生活,用以教育人、感染人。《荷花》的作者很注意人物形象的刻画,不但成功地塑造了荷花的形象,而且对其他两个人物的描写也较成功。"我"小气、胆怯,小偷凶狠、蛮横,个性十分鲜明,也给读者留

> 作者认为小说对"我"和小偷的描写也很成功。

下很深的印象。

　　有两点值得商榷。其一,荷花八九岁,似乎太小了些,她那见义勇为的胆识恐怕一般八九岁的孩子是不会有的。她若读书,不过是小学二三年级学生。若改为十三四岁或十五六岁,可信度更大些。其二,荷花耳朵上"坠上了金色的小环",后来小偷打荷花时,"金晃晃的耳环也不颤了"。耳环为荷花添了可爱,但容易让人误会:能佩戴金耳环,说明家里不穷,况且上世纪七八十年代小女孩戴金耳环有些"超前",缺少可信度。这个细节去掉更好些。

> 指出《荷花》的两点不足。

　　尽管这两处考虑欠严密,但瑕不掩瑜,《荷花》还是一篇感人的好小说。

> 再次指出《荷花》是一篇好小说。

(作者:何柏,有改动)

生　词　语

1. 折扇	zhéshàn	(名)	用竹、木等做骨架,上面蒙上纸或绢而制成的可以折叠的扇子。
2. 音容笑貌	yīnróngxiàomào		声音、面容和谈笑的神态。
3. 历历在目	lìlìzàimù		一个个清清楚楚地出现在眼前。
4. 点染	diǎnrǎn	(动)	绘画时点缀景物和着色。
5. 手笔	shǒubǐ	(名)	亲手做的文章、写的字或画的画(多指名人的)。
6. 砍价	kǎnjià	(动)	买卖东西时买方要求卖方在原有价格上削减一部分。
7. 底线	dǐxiàn	(名)	最低的限度;最低的条件。
8. 初衷	chūzhōng	(名)	最初的心愿。
9. 趁火打劫	chènhuǒdǎjié		趁人家失火的时候去抢人家的东西。比喻趁紧张危急的时候侵犯别人的权益。

10. 须眉	xūméi	（名）	胡须、眉毛。指男子。	
11. 执意	zhíyì	（副）	坚持自己的意见。表示坚决。	
12. 心如明镜	xīnrúmíngjìng		内心像明镜一样。比喻很清楚、明白。	
13. 五体投地	wǔtǐtóudì		比喻佩服到了极点。	
14. 淋漓尽致	línlíjìnzhì		形容文章或谈话详尽透彻。也指暴露得很彻底。	
15. 芙蓉	fúróng	（名）	荷花的另一个名称。	
16. 靓丽	liànglì	（形）	漂亮;美丽。	
17. 拍案叫绝	pāi'ànjiàojué		拍着桌子叫好。形容非常赞赏。	
18. 商榷	shāngquè	（动）	商讨。	
19. 超前	chāoqián	（形）	超越当前的。	
20. 瑕不掩瑜	xiábùyǎnyú		瑕,玉上的斑点;瑜,玉的光彩。比喻缺点掩盖不了优点,优点是主要的,缺点是次要的。	

简析

这篇评论写得有理有据,层次清楚、语言流畅,很有说服力。

小说《荷花》没有交代故事发生的年代,这很可能引起今天的读者对其真实性的质疑。评论的作者深谙"真实是文学作品感人的基础和前提",所以首先就用不小的篇幅介绍了故事所处时代的政治、经济等特点,将故事重置于当年的典型环境中,这样就打消了读者的怀疑,并为分析人物作了铺垫。紧接着,评论了小说的创作方法、表达技巧,并深入浅出地分析了主人公荷花的形象:纯洁、勇敢、善良、真诚。

评论在最后指出了荷花的年龄和耳朵上戴小耳环儿两处细节值得商榷,这在当前一片叫好的评论界确实难能可贵。这种见解虽为一家之言,但足见评论者是下了工夫和动了脑筋的。

附 荷 花

　　淅淅沥沥的雨，弱了，又紧了；凉凉的风，伴着门的吱哑声挤进来，撩弄地面上的纸屑。候车室里，光线极暗。十步开外椅子上坐的人，面目便觉朦胧了。

　　"卖——扇子啦！"

　　声音极轻清，洋琴般地撩人。

　　是一个女孩儿，八九岁，细细的眉，水灵灵的眼，有种梦一般的韵味。黑亮的齐耳短发，薄薄的耳垂上，坠上了金黄的小耳环儿，伴她的走动颤晃。穿了一件黑点大红底的条绒上衣，外面又披了一块塑料薄膜，上面的水痕反映着薄暗的光。她的肩微耸着，似显得冷。荧荧的目光，依次地瞄着椅上的人，分明传送着一句话："买把扇子吧！"

　　我将她叫住。

　　小篮子里有十一把折扇，做工粗拙，糊的防风纸，上面工工整整描了几片荷叶，两支粉红艳艳的荷花儿；叶儿的筋，花儿的纹，描得极细致，因而，虽无丹青大家出神入化的笔触，却也另有一种朴实动人的韵味。

　　"多少钱一把？"

　　"一角。"

　　"嘿，一角？"我翻动扇子，欺她是个孩子，便信口褒贬，"这样的扇子还值一角？……五分吧，我买四把。怎么样？"

　　女孩摇摇头，说："不。"

　　这当儿，一个彪悍的年轻人凑过来：

　　"这还不？五分卖了算啦！"

　　他胡乱地扒拉，先是右手，后是左手，顷刻，扇子便横七竖八了。突然，我发现他将两把扇子缩进袖筒去。因看得分明，我便愕然凝视他。他却满不在乎，反朝我不经意地笑笑，仿佛我是他的同伙一般。我于是胆怯，于是闭气，心脏宛似缩成一个铁块，而且，腿也瑟瑟地发抖了。

　　"什么玩意儿值一角，不要！"年轻人抽出手，小篮子里便剩下九把折扇了。

　　我木然地凝视竹篮。蓦然，小姑娘的眼光投向我身边，继而指定年轻人,大声喊着:"你是小偷儿!"

"你说什么?"年轻人冷笑地移近小姑娘,伸手捏住小姑娘的脸,"你说谁是小偷儿?!"

我全身抖了一下儿,怜悯心激我站起。

"算啦,算啦!"我扒掉年轻人的手,赔笑地说,"小孩子,没看清也是有的。多一把,少一把……"

"他就是小偷儿!"小姑娘仍然指定年轻人,"我看见了。"

"妈的……"年轻人冲上一步,一脚踢滚了竹篮,折扇撒了满地。

小姑娘的眼眶里登时闪动起泪花,环顾了一眼撒在地上的折扇;再回头时,亮亮的泪痕已划到红润润的脸颊了。

候车的人们围上来了。

"你是小偷儿!"小姑娘的眼里,爆出一道仇恨的光,如暗夜中的一束电火,"你偷了……"

"啪"的一声,小姑娘脸上挨了年轻人的巴掌,金晃晃的耳环簌簌地抖动。"我揍死你!"年轻人的裤兜里,探出两把折扇的头儿。

"算啦,算啦!"我挡在年轻人的面前,"小孩子,算啦!……"

"他就是小偷儿!"小姑娘哽咽地说,然而十分坚决,"他偷你的钱包,在他包里!"

我又一惊,急摸自己衣兜,果然没了钱包,我手足失措,望着年轻人,我又木然了。怎么办?抓住他?他身上带了凶器怎么办?正犹豫,年轻人骂了句什么,掉头便走。这当儿,小姑娘像机灵的猫儿似的扑上去,从年轻人的衣兜里将我的钱包掏出来,高高地扬着:

"就是这个钱包儿!"

年轻人勃然大怒,饿虎般向小姑娘扑去。然而,小姑娘却不哭了,反而傲岸地昂着红润润的小脸儿,金晃晃的耳环也不颤了,静静地定住。周围,是由无数的目光组成的愤怒的海。这情景,雷鸣般地将我一震,心中倏地注进一百吨的力量,血液也沸了般地奔腾。我情不自禁地冲上去,说:"这就是我的钱包,你想干什么?"

小偷一怔,凶气立刻煞去,萎然地立住,目光散乱地移向四周,想要逃遁了。

他没有逃脱,由于众人的帮助,他被派出所民警带走了。

小姑娘的扇子只收回了五把。我提了篮子,心情异常激动,突然觉得这扇子都是那样的美,那一朵朵荷花,那样的真切,似在扬着一派

幽香,逸着一缕乐声。我问这扇子是谁做的,她说:
"婆跟我一块儿做的。"
"谁画的荷花儿?"
"婆。"
"画得真好。——你为什么这样勇敢,不怕他?"
"我是好人。"
"我是好人!"这声音在我耳边荡漾了一下,立刻注进心田。
"婆说,好人是不应该怕坏人!"
我又一震,愧赧和感动将我攫住。热泪,止不住在眼眶里滚。我于是取了五元钱,塞在她手心儿里。
"你的扇子我都要了!"
小姑娘望着那钱,惶然地喃喃道:
"我……我找不起。"
"不找了。都是给你的。五把扇子,五块钱,……行了,就这样了。"
"不!"她将钱复又塞给我,"我不要。"
我竭力表白我的感激,表白我的心意,她全都不听,却昂起红润润的脸儿问:"你还要扇子吗?一角钱一把。"
反复地推让,她决然不收。我于是取了一元一角钱,表示我将十一把扇子全买了。她接了钱,挑了一把最好的扇子给我,然后将一元塞我手中,提起竹篮翩然地去了。
"我都要!"我大声说,追上去。
她昂起红润润的脸儿,懂事地一笑:"我们农家做得不好,你们城里人看不上的。"
她径去了。我留不住。我追上问她的住处,问她的姓名。她不说住处,只是说她的名字叫荷花。
我伫立在雨丝风片中,望着那娇小的身躯渐渐远去,披在身上的塑料薄膜,飘然地掀动,泥土上,留下一串光赤的足印。我胸中滚滚的热潮再也止不住,泪水便蒙了双目。那小小的身影便也迷离了,消失了。眼前,仿佛出现一片无际的荷塘,艳艳的荷花,霞般地映红了天,映红了地,在万朵花丛中,我看见一朵最美的荷花,我看见一个真正的人。

(韩起)

（二）悬念环生　空白显像

——略谈《最美的文字》的构思艺术

微型小说《最美的文字》，在不到八百字的篇幅内，较成功地塑造了一位敬业、睿智、教子有方的知识分子的形象。作品对白教授的描写是十分节俭的，整篇小说只写了他一个动作，就使白教授的形象栩栩如生跃然纸上。这不能不说是得力于作者巧设悬念、空白显像的艺术构思。

> 开篇就肯定小说对白教授的塑造是成功的，这主要是得力于小说作者巧设悬念的艺术构思。

小说巧设悬念，而且是悬念环生。作品的题目就是一个大悬念，什么是"最美的文字"？"最美的文字"的内容又是什么？这不能不吸引读者往下看。紧接着作品又以悬念开头。准儿媳妇要去上海和儿子商量"五一"节举办婚礼的事，白教授突然要准儿媳带一封信给儿子，这是什么意思？如果说带口信讲不清楚，现在通信这么发达，有什么话不能打电话或发电子邮件直说？这又是一个悬念。信是封口的。一般来讲，请人带信就要相信别人，封口是不礼貌的。但正是这不合常理的细节却微妙地设置了人物之间的复杂关系。显然，白教授对准儿媳是不信任的，这又为准儿媳疑虑丛生做了合理的铺垫。难怪准儿媳翻来覆去睡不好，她在为不知道这封信的内容而焦虑。一个个悬念，一个个猜测推动着故事情节向前发展。这一连串的悬念、一连串的空白，调动了读者的"阅读期待"，给读者留下了无限广阔的想象空间。

> 按原文结构剖析，一环紧扣一环，十分严密。

"五一"节，有情人能否顺利成婚，这是女主人公所担心的，也是读者所期待的。然而，当女主人公把信转交给准丈夫时，他并没有立即看信，而是

> 从分析准儿媳心态、准丈夫行为入手，评论小说的构思艺术。

把信顺手塞进抽屉里,这看似不经意的一笔,不但没有解释前面的悬念,反而使前面的悬念层峦叠嶂,更加扑朔迷离。这封信是不是父子俩"合谋"好的?至此,小说的悬念就像相声里的包袱,层层叠叠给系好了。能否抖响小说的"包袱",是这篇作品成功的关键。果然,在新婚之夜,"啪"的一声包袱抖响了,原来白教授装在信封里的既不是存款单,也不是洋洋洒洒的文字,而是两张白纸。是一封无字天书。这个出乎意料的结尾,一下子把白教授的形象呈现在读者面前。

如果说,作品前面的情节较好地完成了艺术构思,那么小说结尾的一句话又实现了主旨的升华。当笔者读到"两张白纸"的时候,便自然而然地想到一句名言:"一张白纸没有负担,好写最新最美的文字,好画最新最美的画图。"这正是白教授的良苦用心之所在。他希望子女婚后不要沉溺于爱河,他期望小夫妻能正确处理好爱情、家庭和事业之间的关系,在今后的人生道路上再创辉煌。可以说小夫妻和爸爸是"心有灵犀一点通"的,他们"连夜制定了婚后的第一个五年计划",至于"计划"的内容,这又给读者留下了可供任意驰骋的艺术空白。正是在这些空白处,凸现了白教授的人格魅力。

> 分析白教授的良苦用心,同时指出这给读者留下可供任意驰骋的艺术空白。

(作者:邹萍)

生 词 语

1. 悬念　　　xuánniàn　　(名)　　欣赏戏剧、电影或其他文艺作品时,观众、读者对故事情节发展和人物命运很想知道又无从推知的关切和期待心理。

2. 环生	huánshēng	（动）	一个接一个地发生。
3. 空白	kòngbái	（名）	（版面、书页、画幅等上面）空着，没有填满或没有被利用的部分。
4. 显像	xiǎn xiàng		显示出图像。
5. 睿智	ruìzhì	（形）	英明有远见。
6. 栩栩如生	xǔxǔrúshēng		形容形象生动逼真,跟活的一样。
7. 跃然纸上	yuèránzhǐshàng		形容描写或刻画得十分生动、逼真。
8. 微妙	wēimiào	（形）	深奥玄妙,难以捉摸。
9. 疑虑	yílǜ	（动）	因怀疑而顾虑。
10. 铺垫	pūdiàn	（动）	陪衬;衬托。
11. 层峦叠嶂	céngluán-diézhàng		形容山峰高高低低,连绵起伏。比喻故事情节起伏不断。
12. 扑朔迷离	pūshuòmílí		比喻事物错综复杂,难以辨别。
13. 合谋	hémóu	（动）	共同谋划(进行某种活动)。
14. 洋洋洒洒	yángyángsǎsǎ	（形）	形容文章或谈话内容丰富,连续不断。
15. 主旨	zhǔzhǐ	（名）	主要的意义、用意或目的。
16. 升华	shēnghuá	（动）	比喻某些事物的提高和精炼。
17. 良苦	liángkǔ	（形）	很辛苦。
18. 沉溺	chénnì	（动）	陷入不良的境地（多指生活习惯方面）,不能自拔。
19. 爱河	àihé	（名）	指爱情。
20. 心有灵犀一点通	xīn yǒu língxī yì diǎn tōng		原比喻恋爱着的男女心心相印。现在泛指彼此的心意相通。

21. 驰骋	chíchěng	（动）	奔驰。常比喻在某个领域充分发挥才干。
22. 凸现	tūxiàn	（动）	清楚地显现。
23. 魅力	mèilì	（名）	很能吸引人的力量。

简析

　　这篇评论抓住了《最美的文字》的根本和关键，并用比小说还多二百字的篇幅，对小说的构思艺术进行了详尽透彻的分析，最后作出合理的判断，给出的答案令人信服。这对读者更深入、更准确地理解小说的中心思想能起到很好的引导作用。

　　评论认为小说对白教授的塑造是成功的。他把"无字书"交给准儿媳后就再没出场，因为他知道儿子和准儿媳是会按其意图行事的。这种教子方法非同一般，充分表现出白教授的智慧、幽默和生活情趣。

附　最美的文字

　　准儿媳明天去上海，要和儿子商量"五一"节举办婚礼的事。晚上，白教授交给准儿媳一封封口的信，让她把信交给儿子。至于儿媳要不要看，儿子让不让她看，这都是他们的权利，白教授没有必要说明和交代。

　　准儿媳拿到信，心里十分纳闷。嘴里虽没说什么，心里却犯嘀咕：现在通信这么发达，有什么事不能打电话或发电子邮件明讲，也不知白老师……但转念一想，也可能是自己有哪点不好，惹老师生气，趁我们结婚前要把心里话和儿子说清楚。这虽是他们父子间的隐私，确也关系到自己的终身大事，难道……她不敢想下去，但又不能不想，一夜翻来覆去睡不好，真想拆信看个究竟，知道老师是啥意思，事前有个准备，到时也好向准丈夫解释，否则，不明不白蒙在鼓里，会不会……白教授是她的大学老师，出于对他的一贯的尊敬、信任和崇拜,信还是没有拆。当时,不就是因为崇拜白教授的为人,才爱上了在上海读博士的公子吗?

到了上海,她见到了自己的准丈夫,两个人紧紧抱在一起,久久不愿分开。亲热一阵之后,她才想起老师要她交给准丈夫的信。准丈夫接过信,瞥也没瞥一眼,顺手就塞到抽屉里。准丈夫轻描淡写的举止,更加使她不安,她似乎感到这封信的千斤重量,但这是他们父子的隐私,准丈夫不愿公开,她也不好强求,谁都知道"强扭的瓜不甜"。

"五一"节这天,婚礼如期举行。新婚之夜,当丈夫拉开抽屉,准备找上床的必备用品时,才突然发现爸爸的大作还没有拜读,就顺手递给妻子让她拆开看看。妻子故意说:"给你的信,我哪有权利拆,私拆信件可是犯法的。"丈夫一把抱过妻子深情地说:"我的就是你的,你的就是我的,拆吧,不是定时炸弹。"当妻子用颤抖的双手打开信,不仅妻子愣住了,连白教授的儿子也目瞪口呆……原来是两张白纸,他们翻来覆去看了几遍,还是一封无字天书。小夫妻发了一会儿呆,终于会心地笑了,他们连夜制定了婚后的"第一个五年计划"。

(阿魏)

(三) 行云流水 朴素自然

——评《剃度》

初读《剃度》时,只得其大意:文章只记叙了一位教师让学生当剃头试验品的故事。而在第二遍、第三遍的细读思考之后,方才领略到文章的底蕴。

散文,朴素最美。就像人,浮夸做作,花枝招展,哗众取宠,未必多好。平易朴素却能感人至深,这也正是《剃度》的主要特色。

"剃度"这个词,我起初有些不理解。它本是佛教用语,指方丈给出家人剃去头发,成为僧尼。当我将文章读完,感到一种幽默、轻松。所谓"剃度"不过是剃头而已。 ▢ 解释题目,消除误解。

一篇文章,题目较为关键,结构层次也决定其 ▢ 分析作品结构。

好坏。《剃度》是以倒叙的方式开头的,描述了一位受教三年的学生在临毕业的前一天决定为老师最后理一次发的场面,而后记叙了学生从不敢剃头到练习剃头到剃好头的过程。理发虽是一件小事,但在作者笔下被描写得生动活泼,淋漓尽致,体现出了一种朴素美,同时体现作者善于深入生活、捕捉生活细节的高超技巧。

《剃度》的语言清新流畅,如行云流水,春风扑面,让人感到轻松愉快。

应该说,文学作品总是作家人格和个性的表现,只是在散文中表现得更加突出,更加鲜明。让学生在老师头上试刀,恐怕也得有"第一个吃螃蟹"的精神,因为一个技术不精的学生,在先生的头上摆弄推子,心里总有些忐忑不安。虽然作者本身也作思想斗争,但最终为了学生不惜"牺牲"自己,体现了老师的风格。 <!-- 论述老师的风格。 -->

时代要求创新、突破,而这种精神在《剃度》中也充分地体现了出来。让学生在老师的头上试刀,本身就是一种大胆的做法,因为学生的手艺可想而知,而剃头的结果更在人们的意料之中,作者却甘当试验品,似乎也体现了一种鼓励上进、激发实践的精神。让学生在尝试中培养能力,体现出素质教育模式,多创造一些机会,让学生全面发展,以便适应社会的需求。 <!-- 说明作品的价值所在。 -->

我觉得,散文之所以受到读者的欢迎,最重要的一点是从文章中可以得到一份启迪。文章既使我懂得了在做人方面要踏踏实实,一步一个脚印,又使我懂得了在学习中要不断培养多方面的能力,以适应飞速变化的社会需要…… <!-- 指出《剃度》的现实意义。 -->

是的,散文就像一面窗户,透过它,可以望得更远、更高,看见更多的东西,引起更多的遐想。

(作者:王芳,有改动)

生 词 语

1. 行云流水　xíngyúnliúshuǐ　　　　　比喻文章、诗歌等像飘着的云和流着的水那样自然流畅。
2. 倒叙　　　dàoxù　　　（名）　　文学创作的一种艺术手法。先交代故事结局或某些情节，然后回过头来交代故事的开端和经过。
3. 捕捉　　　bǔzhuō　　（动）　　捉拿；抓住。
4. 高超　　　gāochāo　　（形）　　好得超过一般水平。
5. 忐忑　　　tǎntè　　　（形）　　心神不定。
6. 不惜　　　bùxī　　　（动）　　舍得；不顾惜。
7. 突破　　　tūpò　　　（动）　　打破（困难、限制等）。
8. 手艺　　　shǒuyì　　（名）　　手工操作的技能。
9. 尝试　　　chángshì　（动）　　试；试验。
10. 模式　　　móshì　　（名）　　某种事物的标准形式或使人可以照着做的标准样式。
11. 遐想　　　xiáxiǎng　（动）　　悠远地思索或想象。

简析

　　这篇评论比较全面地评析了《剃度》的题目、结构、语言特色，并联系素质教育和当前的社会现实，歌颂老师为了培养学生的能力不惜"牺牲"自己的精神，揭示了文章的主题。该评论是建立在对原作的中心思想、人物形象、情节结构有较深刻了解的基础上的，因此，给予作品的评价也是科学的和合理的。

　　本评论语言流畅，评析准确，逻辑性强，颇具说服力和感染力。

附　　剃　度

夜里十点多了，学生郑裕民托着个白布包儿笑吟吟地走进我家来。

"王老师，我来给您理发，以后……"他的声音颤抖，眼里噙着晶莹的泪花，边说边解包。

"这么晚了，休息去吧，明天还得赶路。"我心里滚过一股热浪，既埋怨又感激。

"反正也睡不着，大伙儿把行李都捆好了，坐以待旦。同窗三年，明天就各奔东西，谁不想在一块儿多呆一会儿？"他给推子上了点儿油。

"好吧，那就再让你给'剃度'一次。"我坐在椅子上，很有些过意不去。"其实头发也不算长。"

"还不长？都能梳小辫儿了。"他在空中嘎吱了几下推子，"还是六月二号理的，都快四十天了。"他记得真准，就像孝顺的儿子记得母亲的生日那样，我自己却根本搞不清楚哪天理的。

他那只稚嫩柔和的手轻轻地摁着我的头部，心里鹅绒撩拨似的直痒痒。那把钢锋牌推子，咔嚓咔嚓地蠕动着，发出既均匀又和谐的声音，宛如润物的春雨，滴进我的心房。一簇簇头发滚落下来，挂在那块白色的苫布上。

"王老师，您也有白头发了。"他热烘烘的鼻息直往我耳朵里灌，"这几年，我们可没少让您操心。"他歉意地喃喃自语。"人生易老嘛，奔四十的人了还能没几根白头发？不过，再教十拨儿八拨儿的没问题。"我笑了笑。

他时前时后，时左时右，时而梳两下，时而又扶着我的头瞪大眼瞅。不是在理发，而是在雕塑什么精巧的工艺品。看得出来，他煞费苦心，要在我头上剃出花朵来。

我仿佛变成了他的学生，乖乖地听任他摆布，那心却像秋蝉薄薄的羽翼，不停地震颤。

我们这所师范学校，离县城五六里远。街上几家理发铺，常常是座无虚席，坐在那里等，少说得两三个小时。无论是学生还是老师都等不起啊。

学校发给每班一套理发工具。可是我教的这个班没人敢接那套东西。山沟里来的孩子,谁摸过那玩艺儿呢?就算能咔嚓几下子,闹个"马桶盖",谁心里舒服?大家都犹豫着,观望着,但愿别摊派到自己身上才好啊。短暂的沉默之后,郑裕民站起来了:"王老师,我来试试,不会,现学呗!"他郑重地接过理发工具。

星期天,他猫到理发馆,以一盒人参烟为代价,缠着老师傅,让人家手把手地教。跑了几趟,多少有点儿门了。可是,拿谁开刀呢?小伙子们那头秀发像命根儿似的,万一理糟了咋办?谁也不愿当他第一个"剃度"的对象。小郑急得想哭,英雄无用武之地啊!

"郑裕民,中午到我家去一趟!带着推子……"我决心带这个头。

他届时光临了,不过有些发憷:"王老师,您让我……"他低着脑袋,涨红了脸。

"给我理发呀!怎么?班级的推子不许老师用么?来来来,看你手艺如何,我甘愿'剃度'。"我笑着补充道,"可别一扫而光,去长留短。"

"这……"他握推子的手在微微发抖,"这,万一要是……您看,我,我行吗?"

"来吧,又不是什么金枝玉叶,怕你碰坏了赔不起,不就是几根头发嘛,快,我头一节有课。"

我不知道他是以什么心情举起推子来的,高兴还是胆怯?那推子一直在哆嗦。才推五六下儿就夹住了一绺头发,进退不得。折腾了五十来分钟,总算剃完了。他汗流满面,我呢,满脸流汗。我对着镜子一照,妈呀!我本来只有三分人才,这一整,又减了两分。左鬓边有拇指大一块儿凹了进去,仿佛让马啃了一口,其他地方也有此起彼伏的现象。即便再不修边幅的人,剃成这番模样也会感慨万分的,何况我每天要在讲台上亮相,那几十双眼睛……咳!我到底戴了十来年帽子,好在时已九秋,无人细察。

小郑同学像办了件天大的错事,见我就低头。其实有啥?谁开头就成熟呢?

我在班上宣传小郑理发的进步,打消大家的顾虑。渐渐的,他终于驾驭了那套理发工具。后来,连其他教研组的老师,甚至校长、教导主任也前来请郑裕民"剃度"。明天,他就要走了,我不免有些怅然。

"王老师,您照镜子看看,没理好……"他总是那么羞怯地搓着手,似乎等着挨批评。

"不错不错,我们都没流汗。"我站起来抖抖身上的残发屑:"欢迎你再来。"我握着他的手。

听说后来他分配到一所中学,不仅给老师们剃头,还给他的学生们剃呢。推子、剪刀、刷子、苫布,全是他置办的。

(阿吉)

(四)《四个四十岁的女人》得失谈

少年时代的同窗好友,阔别多年,偶然重逢,欣喜之余,自然总要叙谈别后的机遇和当前的景况。胡辛的短篇小说《四个四十岁的女人》抓住这种生活中常见的现象,扩而大之,使不期而邂逅者有四人之多,而且是清一色的女性。于是在抚今追昔的慨叹之中,在酸甜苦辣的回味之中,作者编织起关于妇女命运的故事,展现出我们社会生活的一个侧面。类似这样的表现手法,不管过去有没有人采用过,在这篇作品中,都给人以新鲜之感。

> 叙述原作主要内容,以引出议论。

四个女人,当年也像所有风华正茂的青少年一样,都有过自己的憧憬。二十年过去,今天情况如何?当年一心想当小郝建秀①的,成了一个区妇联的干部和"贤妻良母"。自信会成为小潘凤霞②的,现在是离过两次婚而被人看作"不正经"的女人,终于做了一个"名副其实"的老头子的继室。有志于争当第二个林巧稚③的成了一个清闲的行政干部和丈夫身边的一片绿叶。除去另一个女人柳青外,她们的理想都没有实现。尽管大家都还在不同的工作岗位上,生活上也过得不算坏,甚至还对自己的家庭、丈夫表示了某种满意或骄傲,但还是无法掩饰内心的惆怅,以至郁闷。人生的道路本来就不可能笔直,像这种有志难酬的现象,并不足怪，但作者把它聚集到几个女人身上，就不能不说有其用意了。

作品一开头，我们便读到了这样的卷首语："女人为什么要有自己独立的节日？——作者问于'三八'节。"我想，正是在这一问之中，透露出了作品的意图。作者通过四个女人二十年生活的风风雨雨，实际上提出了一个问题：即使在今天的社会里，妇女的生活、命运和前途仍然存在种种问题。同时，侧面而含蓄地批评了实际生活中男女不平等的现象，以及妇女自身存在的弱点。现在妇女界正在提倡妇女自尊、自爱、自重、自强，反对轻视和歧视妇女的传统偏见残余，这足以说明作品的社会现实意义。

> 简单评论小说当前的社会意义。这就是"得"。

四个女人之一的柳青，是唯一实现了自己初衷的人。她曾想过当作家，但当她被录取到北师大以后，就甘心于做一个瓦尔瓦拉④式的乡村女教师了。她在山区做了一二十年小学教师。她献出了青春，也赢得了人民的尊敬和爱戴。作品描写她离开偏僻的乡村时，乡亲和学生们为她送行的场面是很感人的。她说："真是，我是幸福的，真正幸福的，真的。"我相信她说的是由衷之言，并且在自己的心里引起了共鸣。

> 通过对柳青这个人物的分析，批评小说作者对她的命运的安排过分残酷。这是小说的"失"。

也许作者是以柳青作为其他三位女性以至与她们有着相似命运的更多的妇女的一面镜子，通过这个人物形象，启示妇女应该怎样度过自己的一生吧！但令人费解的是作者偏偏给这位可敬的妇女安排了另一种遗憾。她不但没有享受到作为一个女人应该享受到的爱情的欢乐和家庭的幸福，甚至让她患上了不治之症（尽管还只是一种怀疑），从而使读者的心头蒙上一层阴影，一缕凄凉。

作者赋予作品的亮色,是不是过于吝啬了一点呢?

　　作品结尾处借柳青之口说:"让我们携手去迎接更美好灿烂的明天吧!"大家也说:"你……还是我们的圆心儿。"本来未尝不可就此结束,但作者最后又发表了一段议论:"事业、理想、奋斗、爱情、婚姻、家庭……一切的一切,是多么的复杂,处处是问号,女人啊,答案在哪儿呢?"诚然,世界上的事物是复杂的,但那些问题即使对于女人们来说,答案也并非那么渺茫,不但在理论上早已解决,而且在现实生活中也可以看到实例,问题只是要排除外来的阻力并战胜自己的弱点。作者在这儿却以无可奈何的口吻提出问题,不但显得多余,而且给人以虚无感,成了败笔,这是令人遗憾的。

> 评论者认为最后这段议论是画蛇添足。

(作者:谢云,有改动)

【注】
① 郝建秀:20世纪50年代中国青岛棉纺厂的优秀女工。
② 潘凤霞:20世纪80年代中国著名电影演员。
③ 林巧稚(1901—1983):中国著名妇产科专家。
④ 瓦尔瓦拉:苏联影片《乡村女教师》中的主角。

生 词 语

1. 阔别	kuòbié	(动)	长时间分别。
2. 余	yú	(名)	指某种事情、情况以外或以后的时间。
3. 机遇	jīyù	(名)	境遇;机会。
4. 扩而大之	kuò'érdàzhī		使(范围、规模)比原来大。
5. 不期	bùqī		事先没有约定。
6. 邂逅	xièhòu	(动)	偶然遇见。
7. 清一色	qīngyísè	(形)	比喻全部由一种成分构成或全部一个样子的。

8.	抚今追昔	fǔjīnzhuīxī		由眼前的事引起对过去的回忆。
9.	慨叹	kǎitàn	（动）	有所感触而叹息。
10.	酸甜苦辣	suāntiánkǔlà		指各种味道。也比喻幸福、痛苦等种种遭遇。
11.	编织	biānzhī	（动）	把细长的东西互相交错或钩连而组织起来。这里是编写的意思。
12.	侧面	cèmiàn	（名）	某个方面；另外的方面。
13.	妇联	fùlián	（名）	妇女联合会的简称。中国的妇女群众性组织。
14.	贤妻良母	xiánqīliángmǔ		既是丈夫贤惠的妻子，又是子女慈爱的母亲。
15.	正经	zhèngjing	（形）	端庄正派。
16.	名副其实	míngfùqíshí		名称或名声跟实际相符合。
17.	继室	jìshì	（名）	从丈夫方面讲,第一次结婚的妻子死后再娶的妻子。
18.	清闲	qīngxián	（形）	清静闲暇。
19.	惆怅	chóuchàng	（形）	失意；伤感。
20.	郁闷	yùmèn	（形）	烦闷；不舒畅。
21.	有志难酬	yǒuzhìnánchóu		有理想，但难以实现。
22.	卷首语	juànshǒuyǔ	（名）	文章开始前所说的话。
23.	透露	tòulù	（动）	泄露；显露。
24.	含蓄	hánxù	（形）	(言语、诗文等)意思含而不露,耐人寻味。
25.	弱点	ruòdiǎn	（名）	不足的地方；力量薄弱的方面。
26.	歧视	qíshì	（动）	不平等地看待；看不起。
27.	残余	cányú	（名）	剩余的部分。
28.	偏僻	piānpì	（形）	远离繁荣地区，交通不方便。
29.	由衷之言	yóuzhōngzhīyán		发自内心的话。
30.	阴影	yīnyǐng	（名）	阴暗的影子。
31.	凄凉	qīliáng	（形）	悲伤；寂寞冷落。
32.	赋予	fùyǔ	（动）	交给(重大任务、使命等)。

33.	亮色	liàngsè	（名）	明亮的色彩。比喻作品中乐观的格调。
34.	渺茫	miǎománg	（形）	因遥远而模糊不清。因没有把握而难以预测。
35.	败笔	bàibǐ	（名）	作品中写得不成功的地方。

简析

这篇评论着重评价了小说《四个四十岁的女人》的"得"与"失"。作者首先从分析四个主要人物（四个四十岁的女人）入手，从她们走过的道路中，挖掘出作品的社会现实意义："即使在今天的社会里，妇女的生活、命运和前途仍然存在种种问题"，妇女们应该"反对轻视和歧视妇女的传统偏见残余"。这是小说的"得"。同时作者又进一步对作品的另一个人物柳青进行了分析，指出柳青是四个女人中唯一实现了自己理想的人，受到乡亲和学生们的尊敬和爱戴，然而其命运比其他三人也好不了多少。看来，小说作者对柳青命运的安排太残酷了，赋予作品的亮色也太吝啬了。这就是小说的"失"。这样来分析、评论作品，层次是清楚的，结构是严谨的，很值得留学生模仿。

附　四个四十岁的女人（节选）

——女人为什么要有自己独立的节日？

作者问于"三八"节

三个女人一台戏！

何况是四个女人！更何况是四个四十岁的女人！她们自小同窗九载，从六二年分别至今长达二十年，今晚，却鬼使神差地邂逅。

…………

尽管变化如此之大，但她们却都没有一分钟的犹豫就认出了对方……

她们不约而同地想起了二十年前的那个夏夜——她们真正分离的时光！柳青远走高飞上北师大，玲玲分配到A县医院，叶芸则分到I县剧团，淑华即将赴沪学习新式织布操作法。四位少女在那困难的岁月里，在玲玲家做了一次蹩脚的、但尽了最大努力的聚餐。分别时送来送去，深夜十一点了，还没完没了。最后由柳青决定在百货大楼前"各奔前程"。没想到在楼前一站又是半个小时。就在决心分开的一刹那，叶芸又急急地喊住大家："来！来！我心里有个秘密，想忍住，还是忍不住，跟你们说了吧，我、我五年后一定成为'小潘凤霞'，真的！"大家一下子搂住了她，她又叽叽喳喳开了："保密！保密！老师说I县是赣剧的发源地，我的嗓音就像潘老师，也有点娇甜秀美……""我、我也争取五年后做'小郝建秀'！"没想到老实巴交的淑华蹦出了这么一句，自然，又是一阵欢呼。"我嘛，我一辈子不结婚，争当第二个林巧稚。你们晓得林巧稚吗？"玲玲带点羞涩地望着女友们，也不甘示弱地说。而柳青——这位和《铜墙铁壁》、《创业史》的作家同名者，本身不就是一种默契吗？女伴们对着柳青嚷嚷。"想是想当作家呀，可我念的是师范，看来我得成为乡村女教师瓦尔瓦拉啦！"柳青甩着长辫回答，口气却没有半点悲凉。

....

五年，何止五年！二十年也不过"弹指一挥间"！开头几年，她们尚有书信往来。十年动乱中，也许是各自境遇的变迁，遵循一般凡人的"处世哲学"，她们竟然慢慢地断了音信！她们的理想付诸实现了吗？

....

"唉，你们猜，我家老头子在枕边跟我说什么来着？他说崽女们的话应给我们启发，今后工作上的事过得去就行。还说，不是我教你耍刁，党政军工青妇，妇联本来就在末底，你这区妇联，就更小了。再说鸡毛蒜皮的事有居委会管，头破血流交给派出所处理，离婚抢亲上法院好呐，计划生育专门立过了牌子，况且你自己还是'超指标姆妈'。他劝我实际点，心血要多滴点到自家崽女身上。你们猜，我心里哪个滋味？真是辛酸痛苦哇！老实话，离开织布机，我伤心过，倒做了十六年妇联工作，虽说是婆婆妈妈的工作，但蛮合我的秉性，我喜欢我的工作，我不能容忍人家轻贱它！我不相信，非得做一个不合格的妇联干部才配做及格的姆妈。那夜，我头一次跟老杨正儿八经地吵了起来……完了。东扯葫芦西扯叶。"淑华戛然而止，两只粗糙的大手掌不自在地搓了搓。

……

"叶芸叶芸,像一片落叶飘零,像一朵浮云游移。……"

玲玲试图打住她,但她不予理睬,又只顾自地说下去:"真人面前不说假。我一次'出嫁',两次改嫁,讲时髦一点,也就是三次结婚、两次离婚,怎么说也超过了'一件事',按说离题了,但结婚离婚都属婚姻这件大事,所以我又不算离题,对吗?"

……

"记得头几年,我意气风发,斗志昂扬,居然成了剧团的二牌花旦。事业上的成功叫我踌躇满志,爱神丘比特的矢又射中了我和小孙的心。这位比我早两届的能写能演的校友,被人称为I县的'小石凌鹤'①,他是I县人,独苗。我不想那么早结婚的……小孙可赌咒发誓了:'结婚不生孩子还不行吗?要生也保证十年后!骗你是小狗。'然而,结婚刚一年,小孙的娘便不断向我开战了。先是'传宗接代'的正统教育,再是摔盆打钵的指桑骂槐,'养了只鸡婆不下蛋呀!''前世造了什么孽呀,我独门独苗的要断香火啦!'笑话!我自食其力,谁要他们家养了?!可我还是屈服了,第二年生下了'让让'这女孩,让步呗,我够意思了。"

……

"别忘了,中国封建社会有两千多年的历史,生息生息,女孩子不是息!"叶芸轻蔑地扁扁嘴。"调到县宣传组做事的小孙也压根忘了自己的誓言,一个劲地劝我:'妈是一番好意,再说一个也是养,两个也是磨。'老二婷婷又出世了。该他家没福分,又是女的。……我们上了法院……一气之下,我居然闪电般地嫁给了化肥大哥——我们剧团前工宣队队长。尽管不少人劝诫我,说他并不是一个纯正的工人,他的前妻就是让他的拳头打离的,但我付之一笑。他说过婚事一定办得正规热闹,我只图出气。婚后的生活,简直是不堪设想!唉,'轻率'给自己套上了枷锁。……前年,我第三次结婚了,他是个名副其实的老头子,地区文联的老干部。二十年前,我到地区报道时就认识了他,二十年来,作为上下级,一直有工作联系。他知识渊博、性情豁达,他赏识我,尊重我,了解我。他老伴死了十年,儿女们都自立了。一结婚,我

---

① 石凌鹤:中国著名编剧。

就能调到地区……"

....

"为丈夫和子女作出牺牲,是可贵的,但不能算崇高的。因为这种爱,尚未跳出一个小家。"玲玲又吐出了这么一句。

....

"无须隐晦,我有一个令人瞩目的幸福的家庭。我三十岁才成家,我们家老莫原先在病毒学研究方面就小有成就,这几年更是青云得志,扶摇直上了。他父母在香港,陆陆续续给我们捎来了彩电、电冰箱……'家庭现代化'差不离了,眼下一般的中年知识分子是不能跟我们比的。为了我的丈夫和儿子,我改了行,成了一名'看看报纸聊聊天,结结绒线遛遛街'的女行政人员,把一门心思放在丈夫的冷暖营养和当好儿子的'家庭教师'上。……"

....

"再坐一会儿吧,让我说说。"柳青不容分说地坐回到石凳上。

....

"……哦,我要给你们讲的是——我却已经享受了真诚的追悼会的幸福——"

"你胡说些什么呀!"淑华一跺脚,厚实的大手掌一下捂住了柳青的嘴。

....

"看你们,一个个心情沉重得像跟遗体告别似的。"柳青掰开淑华的手,眉开眼笑起来:"我也是凡人啊,当死神过早地向我招手的时候,我何尝不害怕?不悲痛欲绝?……前一天,我在县医院办好了转院手续,拒绝了汪校长派人护送的好意。……何况我除了消瘦、没劲之外,一切都能自理。……我自信是坚强的。然而,走着走着,我却后悔了。巨大的孤独感包围着我,从几天来医生的眼神、护士吞吞吐吐的言辞、校长过分的热心和深藏的焦虑中,我判断出我的病情是严重的。四十岁就要回首平生,未免太残酷了。……我一步一捱地到了汽车站,看看表,离开车还有十来分钟。汽车站前已是沸沸扬扬的一片:叫卖肉包子、糖烧饼的,卖西瓜、梨瓜的……把一个寂静的黎明搅得乌烟瘴气,却硬是热热闹闹,充满活力。我的心颤栗了:生活,毕竟是让人留恋的。"

....

"……莫不是我眼花了。我使劲地眨了眨眼,透过薄雾的晨曦,啊,我像电击一般呆住了!"

············

"我看见了,在我的眼前,是我的一群学生,大至离校数年的堂堂正正的男子汉、客客气气的小村姑,小至奶声奶气的初中崽伢妹俚,还有妹俚的小弟妹——穿着开裆裤的鼻涕娃!他们密密集集地将我围住了。啊,王校长头天黄昏时才骑车回去的,这么说,孩子们——真的,在老师的眼里,学生不论长多大永远是孩子——是连夜赶了四五十里山路来的啊,一抹曙光照在他们汗淋淋的脸庞上……

"我听见了,我的忠于我、爱我的学生们的呼唤:

"'柳老师!柳老师——'

"'看好了病就回来噢——'

"'开学时我们来接你——'

"我像疯子一样扑向我的学生,泪眼婆娑,不能自禁。我弯下腰,紧紧地抱住了近前的一个鼻涕娃——他是女生香妹的老弟,我允许女生带弟妹上学,要不,多少女生得失学啊——我的灼热的嘴唇疯狂地吻着他那张满是汗水还有点鼻涕的小脸蛋,我已是热泪纵横了!痛痛快快地哭吧!

"这是幸福的哭泣!我自小没有父亲,参加工作不久又失去了母亲,没有兄弟姊妹,没有丈夫子女,只是一个不起眼的,时至今日还没有培养出一个大学生来的山村女教师,可我,却得到了人世间最崇高、最纯贞的爱。真的。"

············

柳青却自顾自地说下去:"长时间以来,我总以为是对他的奇特爱才使我如此眷恋这块贫瘠的土地,他——一位医科大学生,十五年前跟我一道到公社报到,'同是天涯沦落人',可是,当我们的爱刚萌芽时,一个电闪雷鸣的夏夜,他为抢救一位病人出诊,失足掉下了山崖!他爱我吗?我不知道,也不需要知道。可是我爱他,刻骨铭心地爱他!"

三位女友震惊了,她的心中掀过强烈的爱的波澜——原来是这样!

"然而现在我明白了,是他对人民的博大深沉的爱激发了我,是他对事业不屈不挠的爱振奋了我!我爱他,我就该爱我的事业!那山野中不正规的学校,那平庸朴实的乡下崽仍妹俚正是我的理想结晶所在。"

柳青昂扬地站了起来,潇洒地两手一摊:

"邂逅畅谈到此结束,让我们携手去迎接更美好灿烂的明天吧!"

…………

四双手紧紧地握到了一起。

月儿高挂深邃的夜空,四个四十岁的女人依依惜别。

事业、理想、奋斗、爱情、婚姻、家庭……一切的一切,是多么的复杂,处处是问号,女人们啊,答案在哪儿呢?

(原载《百花洲》1983年第6期,作者:胡辛)

第三节　留学生习作点评

(一) 荷花般的小姑娘

读了《荷花》这篇文章,那个名叫荷花的小姑娘给我留下了深刻的印象。仿佛一朵正在盛开的荷花映入了我的眼帘,嵌入了我的心灵,冲击着我的灵魂①。在当今这个物质利益远高于精神追求的社会里,她像一眼清泉,纯粹②,使人产生一股敬佩之情。

这篇文章是一种对比的写法③。主人公是卖折扇的姑娘——荷花。她和"我"的对比,她与小偷的对比,以致与整个社会风气的对比④,就在这一点一滴、丝丝入扣的对比中,小姑娘的形象便跃然纸上,活生生地直击读者的感观,触动读者的心灵。当小姑娘为了"我"的钱包而和小偷发生争执并遭到粗暴凶狠的小偷殴打时,读者的心中已经升起一团怒火,甚至已经开始对那可恶的社会渣滓破口大骂了。这时,"我"看到小偷偷一个可爱小姑娘用以糊口的扇子时,却懦弱地明哲保身。小姑娘和奶奶相依为命。生活的贫苦可想而知,但她仍然坚强地凭着自己单薄的力量为家庭出一份力,这种自食其力,自力更生的品德真是一个八九岁孩子少有的⑤。而那个小偷,年纪轻轻又干些偷鸡摸狗的坏事⑥,真是让人痛心,这就更使小姑娘惹人怜爱。"我"的胆小与小姑娘的勇敢,小偷的品德败坏与小姑娘的坚忍纯洁构成了光明的对比⑦,作者的褒贬好恶不言自明。

《荷花》一文的另一个特点就是象征的运用⑧。篇名是荷花⑨,小姑娘名叫荷花⑩,主题表现的是小姑娘荷花般的品质和心灵。荷花象征着纯洁,美好和善良⑪,而这些品质在小姑娘的身上都有所体现。她不畏生活的苦难,甚至以此为享受;她不畏强势的欺负,最终使之向她低头;她坚信"好人是不应该怕坏人",以此为生活的信条!她真是一朵出水芙蓉!不仅品德高尚,人也"有种梦一般的韵味",真是人如其名,用荷花象征她再合适不过了!

总之,《荷花》用跌宕起伏的情节、细致朴实的语言为读者讲述了一个感人的故事,勾勒了一个荷花般的小姑娘⑫,使读者在回味故事的同时,心灵也受到了一次教训⑬,但愿荷花能够时时开,处处开,也愿我们都能作荷花!⑭

评改

① "仿佛"前应加主语"她"。
② "纯粹"表示纯净,不含杂质,可考虑改为"纯洁",因为"纯洁"可以比喻思想纯正,没有私心杂念。
③ "是"改为"采用"。
④ "以致"改为"以至"。

◆◆◆ **"以至"和"以致"的区别:**

1. "以至"表示由于上文所说的动作、情况的程度很深而形成的结果,"以致"表示由于某种原因引起的后果。
(1) 他一路沉思,以至雨淋湿了衣服都不知道。
(2) 他一路沉思,以致错过了乘车的地方。
有时,用"以至"的地方也可以用"以致",但句子的含义是不同的。

(3) 雨太大了,以至街道上积起水来。
　　　(说明雨大到了什么程度)
(4) 雨太大了,以致街道上积起水来。
　　　(说明因下雨而造成了积水)
2. "以致"多用于不好的或说话人不希望的结果,"以至"不受这种限制。
(5) 有车的市民越来越多,以致交通越来越拥挤。
(6) 科学技术发展很快,以至很多人都感到知识不够用。
3. "以至"可以表示"直到"的意思,"以致"没有这种用法。
(7) 熟练的技能是经十次、百次以至上千次的练习才获得的。

⑤ "自食其力"与"自力更生"为句子中的并列成分,标点符号改为"、"。
⑥ 根据句义,"又"应改为"就"或"却"。
⑦ "光明"应改为"鲜明",因为"鲜明"可以表示很清楚、很分明的意思。
⑧ "象征"后面加上"手法",表达更明确。
⑨ "荷花"作为篇名,加上书名号:《荷花》。
⑩ "荷花"作为人名,加上引号:"荷花"。
⑪ "纯洁"和"美好"是并列成分,应当用顿号隔开。
⑫ "了"可改为"出"。"小姑娘"后应加"形象"。
⑬ "教训"一词用得不合适,应改为"教育",因为"教育"可以指使人明白道理并懂得如何做。
⑭ "作"改成"成为"。这句调整为:"但愿我们都能成为一朵荷花,时时开放,处处开放!"

> **评语**
> 　　写文学评论是有一定难度的,这需要作者在动笔前认真阅读作品,深刻了解其主题思想、人物形象、情节结构、语言特点等,然后抓住重点,写出感受最深的一部分。本文作者抓住小说在写法上采用的对比和象征手段进行分析,思路是清楚的。但作者对原小说理解的深度不够,归纳显得零散,文章的连贯性较差。

（二）林娜的"爱情考试"

　　《湖畔》讲述的是两个男女青年的爱情故事，向读者交代了这两个年轻人的感情能够取得进展的前因后果①。

　　小说中的男女主人公分别叫杨刚和林娜。他们是一对相识了五个月而爱情却迟迟没有进展的朋友。杨刚脾气腼腆而内向②，林娜泼辣而大方，面对杨刚对于爱情的进一步要求，林娜却始终不肯答应。一天，杨刚在公园的湖边救起了一个十一二岁的小男孩，没想到这却是林娜制造的"爱情考试"③。杨刚的英勇和善良最终征服了林娜的心。

　　在小说中，最引人注目的情节是杨刚看见有人落水便不顾林娜劝阻勇敢地下水救人④。他这种举动与前面所讲述的腼腆内向的脾气形成了对比⑤，让人觉得可敬、可爱。其实对于一个男人来说，最珍贵的正是这种无私、善良与勇敢的品质，而这一点也是林娜最看重的。

　　林娜是整个故事中推动故事情节发展的关键人物⑥。随着故事情节的发展，林娜所"导演"的一出"爱情考试"，让人感到这个女孩子的单纯与可爱⑦，以及她对爱情严肃认真的考虑⑧。

　　小说的结尾："姑娘闭上眼睛，把头靠在小伙子的胸前，两人都融化在这幸福中了。"这给读者留下了思考的空间。那就是，相爱的双方最重要的是了解对方真实的思想品质，而并不仅仅是靠漂亮的外表或简单的承诺，真正的爱情需要有高尚的道德情操以及应有的信任来精心呵护，这也是本篇小说所表现的主题。

　　当然，林娜这种所谓的"爱情考试"也不见得可取。对一个人的真正了解不可能只通过一件事情就能实现。况且，这种设计好的"圈套"本身就是对杨刚的一种欺骗并且戏弄⑨。它既是对杨刚的不尊重，也算不上什么考验爱情的高明的方法。如果每个人都这么做，就会给对方带来伤害。因此，这篇小说虽然读起来让人觉得清新流畅但是仔细一想又觉得缺少了一些什么⑩。或许缺少的正是从林娜身上所反映出来的作者本身对爱情理解单薄⑪。

　　但是，总的来说，这篇小说情节完整，内容生动，人物性格鲜明，是一篇很不错的小说。

评改

① "感情"改为"爱情"。

② "腼腆而内向"只能修饰"性格",不能修饰"脾气","脾气"应改为"性格"。

③ "制造"一词改为"设计",因为"设计"可以指有目的的安排。

④ "引人注目"用得不贴切,应该用"感人"。

⑤ 同②,"脾气"改为"性格"。

⑥ 删去"整个故事中"。

⑦ 量词"出"改为"场"。

⑧ "考虑"改为"态度"。

⑨ "并且"改为"和"。

⑩ 这句话中缺少两个标点符号。整句应写成:"这篇小说虽然读起来让人觉得清新、流畅,但是仔细一想又觉得缺少了一些什么。"

⑪ 删去"本身"。另外,"理解"和"单薄"不搭配,应把"单薄"改为"浮浅"。整句应写成:"或许缺少的正是从林娜身上所反映出来的作者对爱情理解的浮浅。"

评语

这是留学生在读完中文小说《湖畔》后写的一篇文学评论。作者紧紧抓住林娜为考验杨刚而精心设计的"爱情考试"进行分析、议论,写出自己的独到见解。如果作者能把这场"爱情考试"叙述得再详细一些,使读者对这个情节了解得再完整一些,那就会更好。

附 湖 畔

杨刚和林娜是春天相识的。整个春天,两个人的心都热乎乎的,甚至被烧得焦灼不安。现在已经是夏天了。

人们认为现在的年轻人搞对象速度快,如闪电般。杨刚呢,这个当火车司机的小伙子却觉得爱情进度很慢,就像火车爬坡那样慢,都五个月了,关系还没有定下来。"先处处看!"姑娘总是这样说。他虽然整天和钢轨、火车头这些硬头货打交道,但生来性格腼腆,说不出一句叫姑娘听了心里热透了的柔情话,和姑娘相处从不越轨。有的同伴笑他这点,说他血管里流的是封建主义的血。他不这样看,觉得尊重人家姑娘就是尊重自己,一万年也应该这样。

姑娘却落落大方,接近于泼辣。有时她还要搞点儿小小的恶作剧。她常常一声不吭地瞅着小伙子,一瞅就是很长时间,瞅得小伙子脸发红。

约会时,她不是躲在一棵树后,就是躲在什么地方,眼看着小伙子在那儿着急,烦躁得来回走动。直到小伙子跷脚伸脖地瞅,呆呆地站在那儿不知怎么办才好,这时,她才神奇地出现在他面前。

"我寻思你不来了。"他喃喃地说,脸又红了。

姑娘开心地笑起来:"我早就来了!我就爱看你这没着没落的样儿,还有点傻乎乎的,挺招人喜欢的……"

杨刚知道林娜家的一些情况,父母双全,还有个十三岁的弟弟。据林娜讲,弟弟也调皮,和她差不多。

有一天,杨刚鼓起很大的勇气对林娜说,要到林娜家看看,问林娜该不该准备点儿礼物。

"不行!现在……还不到时候。"林娜回答他。

"叫老人看看,相中没相中。"小伙子执拗地说。

"他们看了管啥用?这事我看准了就行!"姑娘说得很干脆。那次分手时,杨刚有点怏怏不乐。

从心里说,杨刚实实在在喜欢这个姑娘,但她为什么迟迟地不把关系定下来呢?也许她心里还有别的比自己精灵的小伙子。听说现在的姑娘们多半都喜欢精灵鬼。他有点儿失去信心了。

过了三天,姑娘来了电话,约他下班一起走走,那声音比平时说话更好听。

黄昏,他们来到公园湖边。白天的游人都回家了,晚上的游人还没来,四周十分幽静。姑娘掏出手帕,请小伙子坐下。小伙子的心忽悠一下儿,他想:这么客客气气准没好事。他戒备地看她一眼,坐下来,她也坐下来。于是她扯开话头,天南地北地说起来,有时竟说得不着天不着地。小伙子觉得今天没啥可说的,只听她说罢了。

湖那边咕咚一声,接着有个小孩的声音喊:"救命!"姑娘转过头,惊慌地叫了一声:"呀,看,有个小孩落水了!"

　　小伙子腾地站起来,急促地解开上衣扣,抛掉衣服,就要往水里跳。姑娘一把拉住他:"别去,不知水有多深……"小伙子使劲地瞪了她一眼。姑娘还是死死地拉着他不放,他用力地把姑娘推倒在地,一头扎下水去。

　　一个全身湿漉漉的小男孩被杨刚拉上岸来。小男孩大约十一二岁,神色还好,似乎没呛水。他帮男孩拧了拧衣服,怜爱地说:"小弟弟,一个人可不能偷偷到水边玩啊!"

　　小孩没吱声,也没说一句感激的话,只是用一双明亮的、忽闪忽闪的眼睛望着他,又转脸看看姑娘,看样子若无其事。小伙子也用不满的眼光看了一下儿姑娘。姑娘显得有些奇怪,一直望着他,望着望着,突然笑了起来。杨刚被笑得莫名其妙,他看一眼男孩,男孩也在笑,还向他直眨眼睛。

　　"这是我弟弟小毛。"姑娘笑着说。她一把搂过男孩,一边帮他擦干身子,一边说:"你真是个好演员。"

　　"姐姐,明天……"小男孩小声说。

　　"买足球,一言为定。"

　　小孩走了。小伙子完全明白过来,一下子跳到姑娘跟前:"这是你导演的?"

　　"嗯!怎么样?"姑娘仰起脸,调皮地回答。

　　"你怎么开这样的玩笑!"

　　姑娘站起来,拍拍身上的土说:"部队还要军事演习呢!我们为什么不能演习一次?我要试试你的心。有的人结婚前满嘴漂亮词儿,结婚后不久就露出丑相,自私得很,我不能找这么个人。我得在关系确定之前考验清楚。怎么办呢?也没有战争,又没发大水,别处失火我们又没赶上,怎么考验?你又着急,只好演习一次。"

　　杨刚哭笑不得,觉得林娜又幼稚得可笑,又单纯得可爱。姑娘却走上前来,挨近小伙子说:"你真好,是个真正的男子汉!"

　　小伙子被她夸得两手都没处放,痴呆呆地立在那儿。

　　小伙子简直给镇住了,全身热烘烘的,仿佛血液都要化成蒸汽。

　　姑娘闭上眼睛,把头靠在小伙子的胸前,两人都融化在这幸福中了。

生 词 语

1. 焦灼	jiāozhuó	（形）		焦急忧虑。
2. 进度	jìndù	（名）		工作等进行的速度。
3. 钢轨	gāngguǐ	（名）		铺设火车等轨道所用的钢条。也叫铁轨。
4. 腼腆	miǎntiǎn	（形）		因怕生或害羞而神情不自然。
5. 柔情	róuqíng	（名）		温柔的感情。
6. 越轨	yuèguǐ	（动）		（行为）超出规章制度或公共道德所允许的范围。
7. 落落大方	luòluòdàfāng			形容举止潇洒自然。
8. 泼辣	pōlà	（形）		有魄力。
9. 恶作剧	èzuòjù	（名）		捉弄耍笑、使人难堪的行为。
10. 跷	qiāo	（动）		脚后跟抬起，脚尖着地。
11. 呆呆	dāidāi	（形）		脸上表情死板；发愣。
12. 神奇	shénqí	（形）		很奇妙。
13. 寻思	xúnsi	（动）		考虑；思索。
14. 喃喃	nánnán	（拟声）		连续不断地小声说话的声音。
15. 傻乎乎	shǎhūhū	（形）		糊涂不懂事或老实的样子。
16. 顽皮	wánpí	（形）		（孩子）爱玩爱闹，不听劝导。
17. 鼓	gǔ	（动）		振奋；激发。
18. 相中	xiāngzhòng	（动）		看中。
19. 执拗	zhíniù	（形）		固执任性，不听别人的意见。
20. 怏怏不乐	yàngyàngbúlè			不高兴、不满意的神情。
21. 精灵	jīnglíng	（形）		机智聪明。
22. 幽静	yōujìng	（形）		幽雅安静。
23. 忽悠	hūyou	（动）		晃动。
24. 戒备	jièbèi	（动）		防备。
25. 扯开话头	chěkāihuàtóu			开始说话。
26. 天南地北	tiānnándìběi			形容说话漫无边际。

27. 不着天不着地	bùzháotiān bùzháodì		形容言论空泛,不切实际或谈话离题太远,让人不知说的是什么意思。
28. 咕咚	gūdōng	(拟声)	形容重东西落下或大口喝水的声音。
29. 落水	luòshuǐ	(动)	掉到水里。
30. 腾地	téngde	(副)	立刻,马上。
31. 急促	jícù	(形)	快而短促。
32. 衣扣	yīkòu	(名)	纽扣。
33. 抛	pāo	(动)	扔。
34. 湿漉漉	shīlùlù	(形)	形容物体潮湿的样子。
35. 呛水	qiāng shuǐ		因水进入气管引起咳嗽,又突然喷出。
36. 吱声	zīshēng	(动)	发出声音。指说话、咳嗽等。
37. 忽闪	hūshan	(动)	闪动。
38. 若无其事	ruòwúqíshì		好像没那么回事似的。形容不动声色或漠不关心。
39. 莫名其妙	mòmíngqímiào		没有人能说明它的奥妙(道理)。表示事情很奇怪,使人不明白。
40. 幼稚	yòuzhì	(形)	形容头脑简单或缺乏经验。
41. 痴	chī	(形)	傻;愚笨。
42. 融化	rónghuà	(动)	(冰雪等)变成水。

一、模仿造句：

1. 他的性情就像豺狼一样残暴、贪婪。
   ＿＿＿＿＿＿就像＿＿＿＿＿一样＿＿＿＿＿、贪婪。

2. 张老板一有时间就拿出外语课本，贪婪地学起来。
   ＿＿＿＿＿＿＿＿＿＿＿＿＿＿，贪婪地＿＿＿＿＿＿。

3. 对这篇论文，我想提几点意见同作者商榷。
   对＿＿＿＿＿＿，＿＿＿＿＿＿＿＿＿＿＿＿商榷。

4. 惊险的情节和美妙的语言，使这篇小说产生了扣人心弦的艺术魅力。
   ＿＿＿＿和＿＿＿＿＿，使＿＿＿＿＿＿＿＿＿魅力。

5. 他到过不少地方，最值得他回味的是那次桂林之游。
   ＿＿＿＿＿＿，＿＿＿＿＿回味的是＿＿＿＿＿＿＿。

6. 杨月不想参加周末的参观活动，她向我透露过这个意思。
   ＿＿＿＿＿＿，＿＿＿＿＿透露＿＿＿＿＿＿＿＿。

7. 桂林山水给我留下了深刻的印象，直到现在想起来，也还是历历在目。
   ＿＿＿＿＿留下了深刻的印象，直到＿＿＿＿，＿＿＿＿历历在目。

8. 爷爷在世的那些日子，人间的酸甜苦辣他几乎都尝遍了。
   ＿＿＿＿那些日子，＿＿＿＿酸甜苦辣＿＿＿＿＿＿＿。

9. 大家对这些迅速破案的公安人员佩服得五体投地。
   ＿＿＿＿对＿＿＿＿＿＿＿＿＿＿＿＿＿＿五体投地。

10. 他是一个名副其实的专家，因为他有许多专著出版。
    ＿＿＿＿名副其实＿＿＿＿＿＿，因为＿＿＿＿＿＿＿＿。

二、用下面词语造句：
　　1. 清一色　　　　　　　2. 无地自容
　　3. 淋漓尽致　　　　　　4. 栩栩如生
　　5. 有志难酬

三、选词填空：

1.
| 享受 | 惊喜 | 财富 | 时日 | 琳琅满目 |
| 重重 | 年代 | 问世 | 诞生 | 光彩夺目 |

　　当刚刚出版的《王汶石文集》精装版四卷本摆在面前的时候，我非常_____。因在去年七八月间仍听说文集的文稿还堆放在出版社的案头有些_____了，出版之事困难_____。我想，两年内若能出版已属幸事。现在一套《王汶石文集》终于_____，怎能不叫人高兴！我怀着欣喜的心情，逐本抚摸着，就像是我自己的书刚刚_____一样。在这个商品大潮汹涌的_____，出书对有些人来说很难，而对有些人来说却很容易。君不见，书店里的书架上各色人等的文集早已_____，而且件件包装得_____。然而真正从文学价值和文学品位上讲，不少是无法与《王汶石文集》相比的。我对高彬同志说，这是我的一笔精神_____，我要把它放在床头，慢慢地阅读，慢慢地_____。

2.
| 征求 | 无法 | 论断 | 目光 | 投身 |
| 引起 | 殿堂 | 陆续 | 独特 | 使 |

　　王汶石在当年选择作家这个职业的时候，曾经_____过一些名家的意见，得到了否定性的回答。王汶石没有听信别人对自己所下的_____，而是仍以一个战士的火热激情和诗人的热烈襟怀，勇敢地_____于伟大的创作实践，经过艰苦的磨砺和锤炼，终于使自己登上了文学的_____。在上世纪50年代的中国文坛上，王汶石以他_____的风格和纯熟的技巧，_____写出反映中国农业合作化的短篇佳作，_____了读者和评论家的高度重视，以至于后来出版的《风雪之夜》一书仅仅以十六七个短篇小说就吸引了文学史家的_____，他们在编写中国现代文学史时，_____跳过王汶石这个名字。

第十二章 文学评论

四、下面句子都有一些语病，请加以修改：

1. 我在心里周旋了这个问题很久。

2. 小读者，对这些有趣的童话来说，确实具有一种魅力。

3. 你不要怕，不妨尝试失败一下儿，这也不要紧，可以重新再来。

4. 我阔别已经二十多年了故乡。

5. 他那篇文章写得很好，尤其是结尾一段回味，而且使人想得很多很远。

6. 山上那些野花一到秋冬之间就都萎谢了，给人们一种凄凉的。

7. 你想让他这个半瓶子醋把这个专业问题清楚说，简直是错找了人。

8. 昨天他和同屋两个小时谈话了，这一来，两人之间的误会就消除了。

五、下面各段文字都有些语病，读后加以修改：

1. 写亲情的作文好写又不好写。说好写，这类作文的材料都是现成的，每个人都能信手拈来。说不好写，正因为我们太熟悉对亲人了，在选材时，不知如何去筛选。看样子，写亲情作文还真得好好儿琢磨琢磨一下儿呢。

　　本文写自己的爷爷不仅泛泛而写，而是撷取了爷爷的银发这个特征作为文章的主线，将爷爷对自己的关爱描写得十分感人和很生动。读罢全文，一个沉默寡言、极富爱心的老人形象跃然纸上。文章的细节描写很有生活情趣，如关于老年斑的对话。

　　文章的结尾言简意赅，在深深的自责上，表达着对爷爷的崇高敬意，是一篇好的颇能打动人的文章。

2. 我们知道，任何写景状物的文章都离不开描写和抒情。要想描写的好，就要像本文的作者那样，善于把抓住景物的特点；要想情抒的好，也要像本文的作者那样，从与这个景物有关的方面去感受、去体验。只要这样，才能写形象生动、感人的文章出来。

3. 写人物,就要善于把抓住人物的特点,特点抓的越准,描写出的人物就越真实,越形象。胖男孩的憨态和虔诚是他与众不同之处的地方,作者能准确地抓住这两个特点,并描写它们出来,那么一个活生生的胖男孩也就呼之欲出。

描写人物要抓住人物的特点,所以也不可过于拘泥。本文的作者写了胖男孩的"憨",而且也写了他为卖苹果而讨价还价;写了他的"虔诚",而且也写他是个坐不住的孩子,于是胳膊上怎么会贴上十二个创可贴呢。这样一写,人物的个性越更鲜明,人物也显得越更生动了。

六、下面是留学生的两篇评论习作,读后请纠正语病和标点错误,并对文章的写法提出修改意见:

(一) 明哲保身　胆小怕事
——评《荷花》中的"我"

韩起写的这篇《荷花》,主要通过象征、对比等手法成功地塑造了一个纯洁、勇敢、善良、朴素的小女孩形象。读后觉得荷花这个敢于同恶势力作斗争的美好形象是如此地震撼人心!与此同时,也折射出一种明哲保身、胆小怕事很庸俗的社会另类,其代表人物正如文章中的"我"。

"我"——看见年轻人偷小姑娘的扇子,胆怯、闭气,心脏宛似缩成了一个铁块,而且腿也瑟瑟地抖,木然地凝视竹篮。当小姑娘大无畏地指出年轻人偷了"我"的钱包时,"我"怕年轻人身上带了凶器,怕自己受到伤害,又望着年轻人木然了。其实,"我"并不是没有一颗公正的心,并不是没有是非观念,当年轻人冷笑着移近小姑娘的时候,"我全身抖了一下,怜悯之心激励我站起来。"当年轻人扬言要揍死小姑娘时,"我"便挡在年轻人面前说:"小孩子,算啦!……"既然"我"有一颗公正的心,那为什么不能勇敢地站出来向恶势力斗争,不敢伸张正义呢?我认为这是"事不关己,高高挂起"的思想在作怪。

我们都知道像荷花这个年纪的小孩子思想是很单纯的。人随着年龄的增长,见识越来越广。懂得凡事不出头以保护自己,也就是明哲保身。这是一种很中庸的思想,它也许是私有制下的特殊产物,尤其是在当今商品经济社会,有人喊出"人不为己,天诛地灭"的口号而不知脸红,仿佛这是天经地义的。很多人在遇到问题时首先想到的是自己的得失,眼光很狭隘。所以就有日本人在公共汽车上侮辱中国妇女时却没有人敢吭声;所以歹徒能凭着一把刀让全车人都乖乖地掏钱,然后扬长而去;所以有人被车撞了,一堆人围观却没人愿意送他去医院;所以有时候真是邪能压正!

制服社会恶势力主要靠国家日益完善的法律制度,可是法律制度不可能覆盖社会生活的方方面面,所以我们生活环境的"净化"要靠全社会人民的努力,要有良好的道德精神的约束。

我们不仅要明是非、辨善恶,我们更要有足够的勇气去行善、惩治恶行。就像文中的"我"一样,被荷花的正义思想和行为注入了极大的力量,最终情不自禁地冲上去与小偷斗争。这说明这种正义思想和行为是可以传递的,"我"是被小姑娘思想行为感染了。同样地,如果每个人被心中的正义感激励着,被别人美好的行动感染着,我们的社会风气肯定会越来越好。

所以说,我们应该放弃这种明哲保身的处事方式,为社会的良好风气,为《荷花》中的小姑娘,也为自己!

(二) 充满悬念的《湖畔》

《湖畔》这篇短篇小说,虽然内容不长,却从开始到最后充满着悬念,引人入胜。它用朴实的语言,为我们讲述了一个有趣的故事,让我们在文章里看到主人公善良、纯朴的品格。

小说的构思很独特,从开始到最后好像是解谜语的过程。作者开始的部分从小伙子的视觉写起,写他喜欢的姑娘一直不肯把他们的关系定下来,写小伙子心里一直在猜姑娘的心思,偏偏什么也猜不到。小伙子心里很着急,让读者都跟着他一起着急。这样的内容,在整个小说的前半部分一步一步地布置,引起读者的兴趣,看的时候,读者肯定会跟着小伙子一起猜,希望在故事的后面得到答案。

小说后半部分,写小伙子救落水儿童的勇敢行为,也并没有一下子答案出来,而更加重悬念,最后才由姑娘说明原因。这样安排,带给读者一种恍然大悟的感觉。

这篇文章一直用小伙子的眼睛在"看",读者一直在跟着小伙子的心情思想,所以读者也都是"猜"。但是实际上,作者用小伙子的眼睛给我们收集了很多关于姑娘的"线索"。比如姑娘活泼聪明的性格,比如姑娘不让小伙子去见家人,而是说"自己看准了,就行"再比如姑娘曾经说过自己有个弟弟,还有她约小伙子见面"声音比平时说话更好听"。这些,都表明这个聪明的姑娘在计划一件事情,她要考验小伙子,才决定是否把他们的关系定下来。

　　这篇小说,悬念的构思来吸引人,另一方面,人物性格塑造也非常成功。一个有点"呆"的小伙子,却非常正直、善良、勇敢,他的"呆",却显得那么可爱。而这个姑娘,她很聪明、独立,更重要的,她有一颗善心。她要考验爱人的品格,而不是要求物质上的条件,这说明她的爱是非常纯洁的。

　　总之,《湖畔》是一篇精彩的小说,看过之后,可以使人回味。

七、就你最近读的新作品写一篇文学评论。

第十三章 合同

第一节 基本知识

一、什么是合同

合同是两方面或几方面(当事人)在办理某事、实现某种目的时,为了确定各自的权利和义务而订立的共同遵守的条文。也称为协议或契约。合同是一种法律文书,合同一旦确立,就对当事人双方(或几方面)产生了约束力,签约双方的权利、义务就受到国家的保护和监督。任何一方不履行合同,都要承担由此引起的法律后果。

二、合同的种类

合同可分为经济合同与非经济合同两大类。按性质不同,经济合同又可细分为供销合同、借贷合同、加工订货合同、工程施工合同等;非经济合同有科研合同、人才交流合同、技术合作合同等。

三、怎样写合同

合同一般分三部分写：标题、正文和结尾。

第一部分：标题。写明合同的性质。如"修建合同"、"产销合同"、"出版合同"等等。

第二部分：正文。

1. 首先写明立合同的人。双方当事人是机关团体，就写机关团体的名字，是个人就写个人的名字。为行文方便起见，一般都在两个单位名称及其代表的名字前边，分别注上"甲方"和"乙方"。

2. 简单写明订立合同的目的。如经济承包合同，写明承包事项、为什么承包等。

3. 具体写明协议的条件。要分条写清楚甲、乙双方各做什么事、做到什么程度、什么时候完成；要写明一方违约时，向另一方赔偿损失的数量和方法；要写明合同变更的条件和双方遵守的原则；要写明合同的份数及保存者，一般是当事人双方各执一份，有的还要请有关方面存留一份；要写明合同的有效期及失效的条件、时间；有的合同还注明有什么附件。

第三部分：结尾。立合同人签名盖章。如果是机关团体，就写机关团体的名称，加盖公章，机关主管人（法人代表）签名。如果是个人，就由本人签字和加盖私章。假如有公证人，也要写上公证人所在的单位，然后签字盖章。最后写签订合同的日期。

订立合同是一件严肃的事情，必须遵守国家的政策、法令。合同中的数目字要大写。合同不能涂改。如果有错误、遗漏，必须改正补充时，要在改正补充的地方加盖双方印章。

第二节 例文

(一) 教材编写合同

甲方(编写者)： 南晗元
所在单位： 天津市孔子学院
联系电话： 23413310

乙方(使用者)： 曹先盛
所在单位： 日本 HSK 学院
联系电话： 8765123

教材名称：《HSK 初等课程 A》
《HSK 初等课程 B》
《HSK 中等课程 A》
《HSK 中等课程 B》

> 写明合同名称。

> 写明甲方、乙方，并注明双方代表的姓名及其所在单位。

> 写明编写的教材名称。

甲、乙双方就上述四本汉语教材的编写达成以下协议：

第一条 编写要求：

一、编写原则

本教材是为参加 HSK(初、中等)考试而编写的。因此，模拟试题中出现的主要词汇和语法点要符合"大纲"，即《中国汉语水平考试大纲》(初中、等)。

二、教材内容

各册由 12 课组成。第 6 课和第 7 课之间插入期中复习。每册书后要附一套"汉语水平考试模拟

> 以下为协议的正文。

> 甲方从编写原则、教材内容方面提出具体要求。

题"。

每课由语法点、新词语(以听力练习为主)和习题三部分组成。

(1) 关于语法点

A 课程教材每课 3 个语法点,B 课程教材每课 4 个语法点。语法点要在习题中反复出现。所选择的语法点不是从语法上进行分析,而是注重分析其使用方法和使用时的注意事项。

例句需标上汉语拼音。

(2) 关于新词语

以听力练习中涉及的新词语为主。制作词语表,词语表中要有拼音和日语译文。日语译文由甲方编写,所以要留出译文空白。每课新词语平均 30 个左右。

(3) 关于习题

就习题形式而言,依照中国汉语水平考试(HSK)大纲(初、中等)的出题方式制作习题。其目的不仅是要通过解答本书习题来保证使用者提高汉语能力,更在于帮助他们通过 HSK 考试。

具体地说,《HSK 初等课程 A》和《HSK 中等课程 A》是以听力训练为中心编写习题的。其中,听力题 30 题(第一部分 12 题,第二部分 10 题,第三部分 8 题,答题时间 25 分钟)。语法题 16 题(第一部分 8 题,第二部分 8 题,答题时间 15 分钟)。还有阅读题 20 题(第一部分 10 题,第二部分 10 题,答题时间 20 分钟)。

《HSK 初等课程 B》和《HSK 中等课程 B》是以语法和读解训练为中心设题的。其中听力 16 题(第一部分 6 题,第二部分 6 题,第三部分 4 题,答题时间 12 分钟)。语法题 22 题(第一部分 12 题,第二部分 10 题,答题时间 15 分钟)。还有阅读题

26题(第一部分14题,第二部分12题,答题时间33分钟)。

编写习题时尽量将学过的语法、词语编入习题中,并着重在日本学生易出错处设题。

(4)本教材有2个附录,一个是词语表,另一个是习题答案。词语表按ＡＢＣ……的顺序排列,此外每个词语后面必须标明出自第几课。

(5)关于录音

将课文和词语录音。录音由专业广播员或受过专业训练的人来录制。

第二条　甲方应于2005年6月30日以前将符合上述要求的作品交付乙方。甲方如因故不能按时交稿,应在交稿期满之前半个月通知乙方,另行约定交稿日期。如甲方到期再不交稿,乙方可以终止合同。 写明违约者的责任。

第三条　交稿后经乙方审查合格,即按每页5000日元支付稿酬。 写明乙方审稿合格后的付酬标准。

第四条　如果编写质量达不到要求,乙方有权要求甲方修改。如甲方修改后仍不符合要求,乙方有权退稿。 写明乙方有要求甲方修改及退稿的决定权。

第五条　本合同自签字之日起生效。 写明合同生效时间。

第六条　本合同一式两份,双方各保存一份为凭。 写明合同的份数。

甲方:南晗元　　　　乙方:曹先盛　　　　双方签名、盖章,并注明时间。
　(签名盖章)　　　　　(签名盖章)

2003年1月1日

生 词 语

1.	原则	yuánzé	（名）	说话、做事所遵循的根本准则。
2.	事项	shìxiàng	（名）	事情的项目。
3.	制作	zhìzuò	（动）	制造。
4.	着重	zhuózhòng	（动）	把重点放在某个方面；强调。
5.	附录	fùlù	（名）	附在正文后的参考性文章或资料。
6.	符合	fúhé	（动）	二者相吻合或相一致。
7.	交付	jiāofù	（动）	交给。
8.	另行	lìngxíng	（动）	另外进行（某种活动）。
9.	终止	zhōngzhǐ	（动）	结束；停止。
10.	支付	zhīfù	（动）	付出（款项）。
11.	稿酬	gǎochóu	（名）	稿费。
12.	为凭	wéi píng		作为凭据。
13.	盖章	gài zhāng		印上公章或私章。

（二）图书出版合同

写明合同名称。

甲方（著作权人）：<u>曾吉德</u>
地址：<u>天津红桥区大卫路82号</u>
电话：<u>27308181</u>

乙方（出版者）：<u>时代出版社</u>
地址：<u>天津市开发区九路138号</u>
电话：<u>88889999</u>

写明甲方、乙方名称、地址、电话和著作名称。

著作名称：《学汉语新招儿——教你关联词语
　　　　　100例》

第十三章 合 同

为出版上述作品，甲、乙双方达成如下协议：

第一条　甲方授予乙方在合同有效期内在 中国 以图书形式出版发行上述作品的 中文 本。甲方委托乙方代理其版权贸易，所得报酬双方5∶5分成，即甲方 50%，乙方 50%。

> 写明甲、乙双方就下面的条款达成的协议。

第二条　甲方采用他人作品或者在他人作品的基础上进行再创作，必须经过原著作权人的同意，并向乙方提供原著作权人同意的有关材料。

第三条　甲方交付的作品，如侵犯他人的名誉权、肖像权、姓名权等人身或者其他合法权利，由甲方承担全部责任并赔偿因此给乙方造成的损失，乙方可以终止合同。

第四条　甲方应于 2005 年 5 月 1 日前将上述作品的稿件交给乙方。全稿字数25万字。甲方因故不能按时交稿，应在交稿最后期限前 10 日通知乙方，另行约定交稿日期。甲方到期仍不能交稿，应按第六条约定报酬的 50% 向乙方付违约金，乙方可终止本合同。

第五条　乙方应于 2005 年 9 月 1 日前出版上述作品，因故不能按时出版，应在原定出版日期前 10 日通知甲方，双方另行约定出版日期。若到时仍不能出版，除非不可抗力所致，乙方应按本合同约定的付酬标准的 50% 支付甲方稿酬，甲方可以终止合同。如乙方对作品提出修改意见，甲方应在双方议定的时间内修改完毕，并交付乙方。如反复修改仍未达到出版要求，乙方有权终止合同。

第六条　乙方以下列方式之一向甲方支付稿酬：
　　　　(一)基本稿酬加印数稿酬：＿＿＿元/每千字×＿＿＿千字+＿＿＿印数(千册)×基本稿酬×1%。
　　　　(二)版税：_30_元(书定价)×_7_%(版税率)×销售数。
　　　　(三)一次性付酬＿＿＿＿＿＿元。

第七条　乙方应在上述作品出版后30日内向甲方支付稿酬，最长不得超过半年时间。

第八条　上述作品首次出版后30日内，乙方向甲方赠样书10册，并以7折一次售予甲方图书100册。每次重印后乙方向甲方赠样书2册。

第九条　双方因合同的解释或履行发生争议，由双方协商解决。若协商不成，由仲裁机构仲裁(或向人民法院提起诉讼)。

第十条　合同的变更、续签及其他未尽事宜，由双方另行商定。超出以上条款的内容可签订补充条款。

第十一条　本合同自签字之日起生效，有效期_10_年。合同一式两份，双方各执一份为凭。

甲方签名(盖章)　　乙方签名(盖章)　　　双方签名、盖章并
曾吉德　　　　　　马尚　　　　　　　　注明时间。

　　　　　　　　　2005年1月15日

第十三章 合 同

生 词 语

1.	授予	shòuyǔ	（动）	给予(勋章、学位、荣誉等)。
2.	有效期	yǒuxiàoqī	（名）	条约、合同等有效的期限。
3.	发行	fāxíng	（动）	发出新印刷的出版物、货币、邮票等。
4.	使用权	shǐyòngquán	（名）	使用某种财物的权利。
5.	委托	wěituō	（动）	把事情托付给别人或别的机构(办理)。
6.	版权	bǎnquán	（名）	著作权。
7.	侵犯	qīnfàn	（动）	非法损害别人的权益;侵入别国领域。
8.	名誉权	míngyùquán	（名）	公民或法人的名誉不受侵害的权利。
9.	肖像权	xiàoxiàngquán	（名）	照片或画像不受侵害的权利。
10.	违约	wéiyuē	（动）	违背条约或契约。
11.	样书	yàngshū	（名）	作为样品的图书。
12.	履行	lǚxíng	（动）	实行;执行(应该做的或答应做的事)。
13.	争议	zhēngyì	（动）	争论。
14.	变更	biàngēng	（动）	改变;变动。
15.	续签	xùqiān	（动）	再度签订已到期的条约、协议、合同等,使继续生效。
16.	事宜	shìyí	（名）	关于事情的安排、处理(多用于公文、法令)。
17.	条款	tiáokuǎn	（名）	文件或契约上的条目。

(三) 外聘教师聘任合同

　　因教学工作需要，武汉职业技术学院_____系、部(甲方)聘请_____先生/女士(乙方)在甲方任教。

　　双方在平等自愿的基础上，经过协商达成如下协议：

　　一、甲方聘请乙方担任教学任务，具体内容见附件2。

　　二、甲方应履行以下义务：

　　1. 向乙方提供教材、备课纸、课表等有关教学资料。

　　2. 依甲方结算课酬的周期，按_____元/课时的标准，分期向乙方支付报酬。

　　三、乙方必须履行甲方所规定的外聘教师基本职责(附件4)，认真完成教学任务。若不能认真履行教师职责、完成教学任务，甲方有权解聘。

　　四、在合同有效期内，一方因故需要解除合同，应提前一个星期以上通知对方。否则，对方有权要求经济赔偿。

　　五、未尽事宜，双方适时协商。

　　六、本合同自二〇○__年__月__日起至二〇○__年__月__日止。

　　七、本合同一式三份，甲、乙双方各执一份，教务处备案一份。本合同到期后自行中止。

　　八、本合同共计正文__条，附件__个。

甲方：武汉职业技术学院　　　乙方：_____(签字)
　　　_____系、部 （盖章）　　　　　　（盖章）

> 写明合同名称。
>
> 写明签订合同的原因。
>
> 写明协议的详细内容。
>
> 双方签字、盖章并注明签署时间。

代表：_____（签字）

二〇〇　年　月　日　　二〇〇　年　月　日

附件1

_____系、部受聘教师基本情况表

姓　名		性　别		年　龄	
职　称		最高学历		所学专业	
原任主要课程				联系电话	

> 附件1
> 受聘教师基本情况表。

附件2

受聘任教一览表

课程	班级	周学时	周数	总学时	备注

> 附件2
> 受聘教师任教细目。

附件3

课时安排表

节　次	星期一	星期二	星期三	星期四	星期五
1–2					
3–4					
5–6					
7–8					
9–10					

注：请在不能排课时间栏内打"×"。

> 附件3
> 受聘教师授课时间表。

附件 4

外聘教师基本职责

外聘教师是我院教师队伍的重要组成部分。为保证教学质量,外聘教师应履行以下职责。

一、具有不断创新的精神,为人师表,教书育人。

二、遵守中国法律和学院的规章制度,服从教学安排,依据合同忠实履行职责,保质保量地完成教学任务。

三、研究教学方法,讲求教学效果,充分调动学生学习的积极性,运用各种教学方法和手段使学生学有成效。

四、加强师生沟通,平等地对待每个学生,保证教育的公正性。

五、不忽略、不遗漏每个必要的教学环节(包括:备课、授课、辅导、布置与批改作业、拟卷、批改试卷、学生成绩评价等),保证总体教学效果。

六、按规定参加教研活动,及时向教研室反馈教学情况。

武汉职业技术学院

> 附件 4
> 外聘教师应履行的职责。

> 制定附件的单位。

生 词 语

1. 外聘	wàipìn	(动)	从单位以外聘请。
2. 义务	yìwù	(名)	公民或法人按法律规定应尽的责任。
3. 结算	jiésuàn	(动)	核算清楚一定时期的经济收支。
4. 分期	fēnqī	(动)	在时间上分成若干次(进行)。
5. 职责	zhízé	(名)	职务和责任。
6. 解聘	jiěpìn	(动)	解除职务,不再聘用。

7. 教务	jiàowù	（名）	学校里有关教学管理方面的工作。
8. 备案	bèi'àn	（动）	把有关情况报呈上级主管部门，以存档备查。
9. 为人师表	wéirénshībiǎo		当别人学习的表率。
10. 育人	yù rén		培养人才。
11. 规章	guīzhāng	（名）	规则和章程。
12. 评价	píngjià	（动、名）	①评定价值高低。②评定的价值。
13. 总体	zǒngtǐ	（名）	若干个体所合成的事物；整体。
14. 教研	jiàoyán	（名）	教学研究的简称。

（四）国内旅游组团合同

写明合同名称。

签订时间：＿＿＿年＿＿＿月＿＿＿日

合同编号：＿＿＿＿

写明签订时间及合同编号。

甲方：＿＿＿＿＿＿＿＿＿＿＿＿＿＿（旅游者或旅游团体）

乙方：＿＿＿＿＿＿＿＿＿＿＿＿＿＿（组团旅行社）

甲方自愿参加乙方旅行团旅游，为保证旅游服务质量，明确双方的权利、义务，本着平等协商的原则，现就有关事宜达成如下协议：

写明协议的详细内容。

第一条 报名与成团

1. 甲方拟参加乙方组织的国内旅行团，应事先向乙方详细了解咨询，乙方有义务全面介绍其服务项目和质量，并按规定在报名时签订本合同。

2. 甲方在报名时应缴纳一定数额的预付款。

3. 如乙方取消组团计划(不可抗拒的意外事故除外)，甲方有权提出以下要求：

① 要求乙方退还全部预付款，赔偿相应的损失。

② 要求乙方另行安排出游。

4. 如甲方无辜退团,乙方可以从甲方预付款中扣除业务损失费(机、车、船退票费、投保费、退房损失费等)。

第二条　内容与标准

1. 主要事项。

团号与团体人数	
日程	
线路与主要景点	
交通工具及标准	
用餐标准	
住宿标准	
购物娱乐安排	
保险金额	
预付款数目	
导游服务	
应交纳团费总额	
甲方退团或乙方取消组团计划的赔偿方式及金额	
特别说明	

2. 甲、乙双方应该恪守上述约定。甲方在旅游活动中应服从乙方的统一安排和要求,乙方所提供的各项服务应符合国家标准和行业标准的规定。

3. 为保证甲方的安全,乙方应为甲方投旅游意外保险,旅游团报价中含此保险费。

第三条　违约责任

1. 乙方在下列情形下须负赔偿责任:

① 因故意或过失未达到与甲方所订合同规定的标准,而造成直接经济损失;

② 乙方的服务未达到国家或行业的标准。

2. 甲方无故违反合同规定,对其自身的损失应责任自负,给乙方造成的损失,应承担赔偿责任。

3. 不承担违约责任的情形:

① 甲、乙双方因不可抗拒的因素不能履行合同,不承担赔偿责任,但应及时通知对方,并提供事故详情及不能履约的有效证明材料;

② 乙方在旅游质量问题发生之前已采取以下措施的,应减轻或免除责任。

A. 对旅游质量和安全状况已给予充分说明、提醒、劝诫、警告或事先说明;

B. 对所发生的违约问题为非故意、非过失或无法预知或已采取了预防性措施的;

③ 质量问题的发生是由甲方造成的。

④ 质量问题的发生,乙方及时采取了善后处理措施。

第四条 争议的解决方法

本合同在履行中如发生争议,双方应协商解决,协商不成,甲方可向有管辖权的旅游质检所提出赔偿请求。甲、乙双方均可向法院起诉。

第五条 本合同一式两份,合同双方各执一份,具有同等效力。

第六条 本合同从签订之日起生效。

甲方签字:_____   乙方签字:_____
(盖章)   (盖章)
电话:_____   电话:_____
地址:_____   地址:_____

> 双方签字盖章,并填写双方的电话和地址。

生 词 语

1.	组团	zǔ tuán		这里指临时组成旅游团体。
2.	签订	qiāndìng	(动)	订立合同或条约并签字。
3.	编号	biānhào	(名)	编定的号数。
4.	权利	quánlì	(名)	公民或法人依法行使的权力和享受的利益。
5.	本(着)	běn(zhe)	(介)	依照；按照。
6.	咨询	zīxún	(动)	询问；征求意见。
7.	交纳	jiāonà	(动)	交付规定数额的钱或实物。
8.	数额	shù'é	(名)	一定的数目。
9.	预付款	yùfùkuǎn	(名)	订购商品等预付的款项。
10.	投保费	tóubǎofèi	(名)	为订立保险契约所缴纳的费用。
11.	恪守	kèshǒu	(动)	认真地遵守。
12.	承担	chéngdān	(动)	担负；担当。
13.	减轻	jiǎnqīng	(动)	减少数量、重量或程度。
14.	免除	miǎnchú	(动)	免掉；消除。
15.	善后	shànhòu	(动)	妥善处理事件发生以后遗留的问题。
16.	管辖权	guǎnxiáquán	(名)	管理的权利。
17.	质检所	zhìjiǎnsuǒ	(名)	对质量进行检查的机构。
18.	法院	fǎyuàn	(名)	行使审判权的国家机关。
19.	起诉	qǐsù	(动)	向法院提起诉讼。
20.	效力	xiàolì	(名)	事物所产生的有利的作用。

练 习

一、判断正误：

1. 那时候同学们都回去了，只好我一个人留在中国，应该一个人去旅游。

2. 他们过高估计对自己的力量，而估计不足对方的力量，所以比赛失败了。

3. 由于天气突然变化，班机起飞时间推迟了两个多小时。

4. 虽然我们都反对了，哥哥不过还是到国外留学去。

5. 来中国以后，我一直没给她写信，对她很不好意思。

6. 安娜去年就毕业大学，现在在家大公司当翻译了。

7. 我每个月都要看至少两场电影，为了提高我的汉语水平。

8. 向来不打扮的她，今天居然漂亮得让每个人都不由得多看她几眼。

9. 既然我们已经签了合同，就严格执行合同的各项条款吧。

10. 全家人在一起的时，妈妈往往要做一桌子的饭。

11. 我从小就教育孩子自己的事情自己做。

12. 我们不仅能吃到中国菜在日本，而且还能吃到上海菜。

二、下面各段文字都有一些语病，请加以修改：

　　1. "旅游合同"是外出旅游必须实行的一项重要手续，它可以维护和保障旅游者及旅游企业双方的合法权利和义务。它特别关系到旅游者的亲自利益。在这里，我们把"国内旅游组团标准合同"逐条地手把手地教您填写，可别小看哦！

　　2. 为了合同和契约有法律意义，用词一定要规范、严谨，不能使用不规范的语言或模棱两可的表达方式。写合同时，必须语言的规范性以外，在内容上也要表达严谨，不必须笼统地描写，以免在发生问题时不准确的解释。

　　3. 参团旅行的报名，可以是电话报名，也可以亲自到旅行社报名。但是需要注意的是，旅行社会以与您签订合同并交纳一定预付金作为报名的标准。在此之前，旅行社一般是不会作出任何实质性的团队操作，如订票、确认订房等。所以在旅游旺季，您千万不要认为打个电话才万事大吉，还是早一点到旅行社缴纳预付金，那么很可能影响您出游的好心情哦！

　　4. 旅游企业一般在任何时候和任何地方公布的旅游价格都是成团价格，一般成团人数为十人或十人以上，固然只有这时旅行社就能在航空公司拿到有折扣的机票。谁知，如果您一个人也想要单独成团的话，只要您愿意出足够多的钱，那是绝对没有问题的。

三、给下面短文加上合适的标点符号：

　　　　人们的社会生活离不开语言□语言是一种工具□它可以帮助人们交流思想□互相了解□没有语言□社会的一切活动就不能进行□

　　　　文字是记录语言的符号□语言是说给人听的□文字是写给人看的□说话的时候□有各种语气□说到一定的地方□还要停一停□写成文字时□怎样表示不同的语气和停顿呢□这就要靠标点符号□

　　　　如果不用或者用错了标点符号□句子的意思就不清楚□有时还会弄错□有一个笑话说明标点符号的重要作用□

　　　　有一个人□家里来了一位客人□他们正谈话的时候□外边下起雨来了□客人就在一张纸上写了一句话□□下雨天留客□□他的意思是□□下雨了□这是天有意把客人留下来□□主人看了□想跟客人开

个玩笑□就接着写了一句□□天留人不留□□意思是□□天留客人□可是我不想留□□由于他们都没用标点符号□两句话连在一起了□客人想了想□拿起笔来□加了两个逗号□一个问号□一个感叹号□句子就变成了这样□□下雨天□留客天□留人不□留□□主人和客人都哈哈大笑起来□

四、写合同：

（一）租房合同

背景材料：

你决定在学校附近租一处50平方米左右的住房，各种条件都跟房东谈好了，房东请你写一份合同书。

（二）聘任合同

背景材料：

你们公司决定聘用一位汉语翻译，总经理让你用汉语写一份聘任合同，在合同中要明确双方的权利和义务。

部分练习答案

第八章 议论文

三、下面句子里都有一些词语搭配不当的毛病,请加以修改:

1. 李老师批改完学生的作文,脸上流露出满意的神情。
2. 妈妈低头沉思了片刻,才答应跟我们一起去看电影。
3. 他的发言代表了我们几个人,我们不再重复了。
4. 你在工作中遇到困难是很自然的事情,没什么了不起,哪能总是一帆风顺呢?
5. 这些老教师年纪都大了,身体又不好,我们这些青年教师应该主动关心他们的生活。
6. 为了掌握第一手材料,他不顾年老体弱,多次到农村进行实地考察。
7. 无论做什么事情,都要有群众观点,不要夸大个人作用。
8. 我虽然当选上了优秀学生,但我自己并不满足于已经取得的成绩。
9. 两国总理商讨了今后的经济文化交流和互派留学生的问题。
10. 这个人没主见,不管讨论什么问题,他总是附和别人。

五、选词填空:

那么怎样才能成为学习的主人呢?

首先,要明确学习目的。斯大林有一句名言:"伟大的毅力产生于伟大的目的。" 只有 目的明确了,才能自觉地、坚持不懈地去学习。反之,不知道为什么而学习,就会把学习当成 负担,好像被人逼迫似的,不得不去学习,这 实际上 就是奴隶式学习的思想根源。

其次要 采取 积极的学习态度,主动 地去学习。对待知识,要仔细琢磨,注意理解,使之成为自己的东西,并能够 灵活 运用。无论是课堂听讲 还是 课后复习,都坚

持 独立 思考,多问几个为什么。不断地设疑,不断地解疑,知识和能力就能 逐步 地得到增多和加强。

另外,学习上要坚持走自己的路,不能见异思迁。看到别人学什么,自己也赶紧去学,别人买了本什么参考书,自己也赶紧去弄,别人去玩自己也坐不住了。 这样 ,岂不又成了"奴隶"?应该 把握 自己,坚持自己的一套路子,而不能 随波逐流 。

最后,有张有弛,注意劳逸结合。紧张的学习过后,放松一下儿, 对于 提高学习效率是有好处的。有人认为这是浪费时间,这是不对的。休息是为了更好地学习,"磨刀不误砍柴工",那种整天坐着不动的 方式 是不可取的。

六、给下面短文加上标点符号,并分成四个自然段:

对一个中学生来说,分数固然重要,但如果过分看重分数,一味钻在分数里,忽视了能力的培养,必然造成高分低能的现象。

但是,高分未必低能,因为高分和高能完全能统一在一个人身上。如数学家杨乐,在读中学时成绩十分优秀;周恩来,少年时曾以高分考入中外闻名的南开大学,成为当时唯一的免费生。

再说,一定程度上,分数毕竟是衡量自己学得好坏的准绳,那种80分足矣的论调是不对的,它会使人满足现状,不求上进。

同学们,我们应该以一分为二的观点看待分数,既不能把分数看得过重,也不能轻视分数。

七、认真阅读下面议论文,并完成练习:

(一)才能来自勤奋学习

1. 文章的中心论点是 才能来自勤奋学习 。
2. 答:文章第②段画线句子在结构上起承上启下(或引起下文)的作用。
3. 文章运用的论证方法有:例证法、对比法 。
4. 答:作者这样安排材料,从正反两方面对比论证,使论证更有说服力。
5. 答:第⑤段在文章中的作用是:强化中心论点,照应开头,使文章结构更加严谨。

(二)说勤

1. 本文要论述的中心论点是:学业方面的精深造诣来源于勤奋好学。
2. 本文主要采用了 例证法 。
3. 答:作者列举了马克思写《资本论》、司马迁作《史记》、歌德创作诗剧《浮士德》、数学家陈景润取得震惊世界的成就以及上海一女知识青年考上高能物理研究生五个事例证明了"勤出成果"。
4. 答:作者列举了古希腊演说家德摩斯梯尼和中国福州陈正之的事例证明了"勤出智慧"。

(三) 生活中需要思索

1. 本文的中心论点是 生活需要思索 ，运用的论证法有：例证法、引证法和分析法。
2. 答：第②段举了三个论据：爱因斯坦创造了"狭义相对论"，爱迪生制成电灯，《论语》中的句子。

   结论是：思索是何等的重要。
3. 第③段带问号的一句属于 设问句 。在文中的作用是：承上启下，自然地从第②段转入下面讨论青年人对生活是否要注重思索 。
4. 答：失去思索的生活是平庸的、僵化的生活。一生中只知道吃饭、睡觉而不会思索的人，无异于一具行尸走肉。

第九章　读后感

四、下面句子都有一些语病，请加以修改：

1. 尽管工作很忙，他每天还是坚持学汉语。
   / 不管工作怎么忙，他每天还是坚持学汉语。
2. 信息化已成为衡量一个国家现代化水平和综合国力的重要标准。
3. 球馆设施齐全，可为乒乓球爱好者提供球、球拍等乒乓器材。
4. 在学习的道路上无论遇到什么困难，你都要坚持下去！
5. 人们所以把粽子扔到江中喂鱼，是为了不让鱼吃屈原的身体。
6. 安娜在这次趣味运动会上，不但自己取得了好成绩，而且还给我们班拿到了名次。
7. 每当见到朋友的时候，她总是有很多事情告诉他 / 他们。
8. 我觉得这本词典对我有帮助，于是我劝朋友去买。
9. 只要你在我身边，无论多么艰难，我都不怕。
10. 妈妈不同意我去中国留学，可我偏要去，这使妈妈很失望。

五、下面各段文字都有一些语病，读后加以修改：

1. 从《一件小事》我还想到自我批评的重要。我们要 虚心 听取别人提出的意见，要勇于承认 并 改正自己的缺点、错误。 如果 一个人只满足于 自己取得的一点点成绩 ，听不得别人的批评，也不愿意进行自我批评，故步自封，骄傲自大，那 是 很危险的。任何人都不是天生的圣者，只有那些 不断地 严格要求自己 ，经常进行自我批评的人，才能够进步 。

2. 《事事关心》是马南邨 于1961年写的一篇短论。文章开头就引用了明代东林党首领顾宪成撰写的一副对联："风声、雨声、读书声，声声入耳；家事、国事、天下事，事事关心。"它 不仅 阐述并纠正了当时人对古人读书的目的的错误认识，更重要的是他指出了政治家和学者之间的关系是 相辅相成 的。 告诫 并希望人们要 懂得努力 读书和关心政治两方面紧密结合的道理。

3. 我 一向不爱 看童话。可前不久,偶尔看了一篇题为《假话国历险记》的童话, 却深有感触。作品里描述了假话国一幅幅可笑的情景:卖面包的食品店,门口竟挂着文具店的大招牌;明明是抓老鼠的小猫,竟"汪汪"地学狗叫……尤为可气的是,一个无恶不作的大海盗, 竟然窃取了国王的宝座。这个所谓的国王因为怕百姓揭穿他的画皮,下令任何人 不得说真话,否则格杀勿论。于是乎,便演出 了 上面那一幕幕的滑稽剧。

看了这个似乎荒唐可笑的故事, 我不由自主地陷入了沉思。

第十章　讲话稿

三、选词填空:

于是我 接受 了现实的挑战,怀着"我能行"的自信,一边认真复习功课,一边努力练习演讲。时间似流水,很快到了比赛和考试的日子。赛场上,自信 爆发 出动力,我 发挥 出了最高水平,在评委 满意 的笑声中,我捧过获奖证书;考场上,我也不甘拜下风, 顺利 地通过了毕业考试,在老师赞赏的目光中,我当上了"优秀学生"。 从此 ,我就与三个字结下了不解之缘,这三个字就是:我能行。

"我能行",这是勇敢者的宣言,一个人就应该有这个 志气 ,有这点儿精神。试想,如果爱迪生气馁于失败,那么人类可能还生活在黑暗中;如果革命者妥协于失败,那么世界可能就没有今天的和平;如果理论家屈服于失败,那么科学真理很可能被愚昧所代替…… 由于 他们对事业的执著的追求,有"我能行"的坚定信心,才做出了 惊天动地 的大事,为人类的科技事业、和平事业做出了 巨大 的贡献。

四、下面句子都有一些词语搭配不当的毛病,请加以修改:

1. 你以后的工作道路还很漫长,一定要坚强起来。
2. 你们虽然订了婚,可是还没有履行法律手续,所以不能认为已经是合法夫妻了。
3. 一个人不能因为受到一点儿挫折,就灰心丧气。
4. 这个年轻人越来越消沉了,在他身上找不到一点儿朝气。
5. 我从上个月开始找工作,在几个大公司都碰壁了。
6. 这孩子平时什么也不管,今天怎么帮起妈妈忙来了?
7. 我工作这么卖力气,怎么就得不到领导的表扬呢?
8. 我在更衣室换上了工作服以后,马上就开始了一天的紧张工作。
9. 在学习过程中,勤于思考还会使你学到的知识得到升华。
10. 养成良好的习惯,不但对我们的学业有益,而且还能磨炼我们的意志。

五、下面各段文字都有些语病,读后加以修改:

1. 你们好!今天我演讲的题目是《理解万岁》。

每一个人从出生那天起,就生活在社会群体 之中。家庭里,有父母和亲戚;学校里,有老师和同学;社会上,接触的人更 多。这就向人们提出了一个现实的问题:如何正确对待和处理人与人之间的 关系。我认为正确的答案只有一个,那就是在相互尊重的前提 下 做到互相理解。理解万岁!

2. 为了这颗美丽的蓝色星球辉煌的未来,为了50亿地球人共同的家园,为了这家园里像亿万花朵一样的孩子,也为了您自己,为我们都拥有一个幸福的明天,请您记住:爱护这唯一的地球吧,保护您身边的环境!地球是人类共同的财富,它从昨天走来,却 不能 只属于今天。每个人都有义务 将 一个美好漂亮的地球送给明天,因为,地球,我们只有一个!

3. 谈到 培养 自立能力,这不由得 使 我联想到一则寓言故事:小鹰跟着老鹰学飞,看到鸡妈妈正捉小虫子给小鸡吃,便很委屈地对妈妈说:"你看鸡妈妈对小鸡多好啊!而你 就会 逼着我学飞。"老鹰严肃地说:"鸡妈妈给小鸡的只是虫子,而我给你的是翱翔蓝天的本领和百折不挠的意志。"这"翱翔蓝天的本领和百折不挠的意志",不正是我所要说的自立精神吗?

六、把下面各组分句排列成一段话:

1. A D B C   2. B A D C   3. A C D B   4. D C B A
5. B D C A   6. B A C D   7. D A B C   8. A B C D

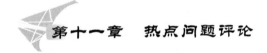

第十一章 热点问题评论

三、选词填空:

丁克族是指一些有较高 学历、较稳定 职业 和收入的中青年男女,虽然结婚了,并且 也具备生孩子的能力,但却主动放弃生孩子的 权力,这样组建的家庭就叫丁克族。

之所以会出现丁克族,说明人们的观念 发生 了很大的变化。

古人说:养儿防老。生养儿子就是为了到老年时儿子能养老送终。但现在一些年轻人认为,随着社会保险和养老制度的建立和 健全,养老不会成为问题。再说 即使 有孩子,也很难保证他们能十分周到地照顾四位老人。因此 没有必要生养孩子。

当今一些年轻人,特别是女青年,他们有自己的事业和 追求,她们追求自身解放和社会价值被承认。她们认为要孩子就 意味 着要为孩子付出一切,她们 实在 不想再忍受专门伺候丈夫和孩子的简单家庭劳动。

结婚后是要孩子好还是不要孩子好,真是"仁者见仁,智者见智"。我觉得一个家庭如果没有孩子,会少了很多 乐趣 ,会觉得婚姻有些缺憾。孩子会给家庭带来快乐、幸福 ,而这种感觉是用钱买不到的,也是什么东西都代替不了的。因此我觉得一个完美幸福的家庭 应该 有孩子。

四、判断正误：

1. × 2. × 3. √ 4. × 5. ×
6. × 7. × 8. × 9. × 10. √

六、把下面各组分句排列成一段话：

1. A B C D 2. B A C D 3. B A C D 4. C A D B
5. A B C D 6. A D C B 7. D A C B 8. A C D B

第十二章 文学评论

三、选词填空：

1. 当刚刚出版的《王汶石文集》精装版四卷本摆在面前的时候,我非常 惊喜 。因在去年七八月间仍听说文集的文稿还堆放在出版社的案头有些 时日 了,出版之事困难 重重 。我想,两年内若能出版已属幸事。现在一套《王汶石文集》终于 问世 ,怎能不叫人高兴! 我怀着欣喜的心情,逐本抚摸着,就像是我自己的书刚刚 诞生 一样。在这个商品大潮汹涌的 年代 ,出书对有些人来说很难,而对有些人来说却很容易。君不见,书店里的书架上各色人等的文集早已 琳琅满目 ,而且件件包装得光彩夺目。然而真正从文学价值和文学品位上讲,不少是无法与《王汶石文集》相比的。我对高彬同志说,这是我的一笔精神 财富 ,我要把它放在床头,慢慢地阅读,慢慢地 享受 。

2. 王汶石在当年选择作家这个职业的时候,曾经 征求 过一些名家的意见,得到了否定性的回答。王汶石没有听信别人对自己所下的 论断 ,而是仍以一个战士的火热激情和诗人的热烈襟怀,勇敢地 投身 于伟大的创作实践,经过艰苦的磨砺和锤炼,终于使自己登上了文学的 殿堂 。在上世纪50年代的中国文坛上,王汶石以他 独特 的风格和纯熟的技巧, 陆续 写出反映中国农业合作化的短篇佳作, 引起 了读者和评论家的高度重视,以至于后来出版的《风雪之夜》一书仅仅以十六七个短篇小说就吸引了文学史家的 目光 ,他们在编写中国现代文学史时, 无法 跳过王汶石这个名字。

四、下面句子都有一些语病,请加以修改：

1. 这个问题在我心里周旋了很久。
2. 这些有趣的童话,对小读者来说,确实具有一种魅力。
3. 你不要怕,不妨尝试一下儿,失败了也不要紧,可以重新再来。

4. 我已经阔别故乡二十多年了。
5. 他那篇文章写得很好,尤其是结尾一段引人回味,而且使人想得很多很远。
6. 山上那些野花一到秋冬之间就都萎谢了,给人们一种凄凉的感觉。
7. 你想让他这个半瓶子醋把这个专业问题说清楚,简直是找错了人。
8. 昨天他和同屋谈了两个小时的话,这一来,两人之间的误会就消除了。

五、下面各段文字都有些语病,读后加以修改:

1. 写亲情的作文好写又不好写。说好写,这类作文的材料都是现成的,每个人都能信手拈来。说不好写,正因为我们对亲人太熟悉了,在选材时,不知如何去筛选。看来,写亲情作文还真得好好儿琢磨琢磨呢。

本文写自己的爷爷不是泛泛而写,而是撷取了爷爷的银发这个特征作为文章的主线,将爷爷对自己的关爱描写得十分感人和生动。读罢全文,一个沉默寡言、极富爱心的老人形象跃然纸上。文章的细节描写很有生活情趣,如关于老年斑的对话。

文章的结尾言简意赅,在深深的自责中,表达了对爷爷的崇高敬意,是一篇颇能打动人的好文章。

2. 我们知道,任何写景状物的文章都离不开描写和抒情。要想描写得好,就要像本文的作者那样,善于抓住景物的特点;要想情抒得好,也要像本文的作者那样,从与这个景物有关的方面去感受、去体验。只有这样,才能写出形象生动、感人的文章来。

3. 写人物,就要善于抓住人物的特点,特点抓得越准,描写出的人物就越真实、越形象。胖男孩的憨态和虔诚是他与众不同之处,作者能准确地抓住这两个特点,并把它们描写出来,那么一个活生生的胖男孩也就呼之欲出了。

描写人物要抓住人物的特点,但也不可过于拘泥。本文的作者写了胖男孩的"憨",但也写了他为卖苹果而讨价还价;写了他的"虔诚",但也写他是个坐不住的孩子,不然胳膊上怎么会贴上十二个创可贴呢。这样一写,人物的个性就更鲜明,人物也显得更生动了。

第十三章 合 同

一、判断正误:

| 1. × | 2. × | 3. √ | 4. × | 5. × | 6. × |
| 7. × | 8. √ | 9. √ | 10. × | 11. × | 12. × |

二、下面各段文字都有一些语病,请加以修改:

1. "旅游合同"是外出旅游必须履行的一项重要手续,它可以维护和保障旅游者及旅游企业双方的合法权利和义务。它特别关系到旅游者的 切身 利益。在这里,我们把"国内旅游组团标准合同"逐条地手把手地教您填写,可别小看哦!

2. 由于 合同和契约有法律意义,用词一定要规范、严谨,不能使用不规范的语言或模棱两可的表达方式。写合同时, 除了 语言的规范性以外,在内容上也要表达严谨,不 允许 笼统地描写,以免在发生问题时双方争执不清。

3. 参团旅行的报名,可以是电话报名,也可以亲自到旅行社报名。但是需要注意的是,旅行社会以与您签订合同并交纳一定预付金作为报名的 条件 。在此之前,旅行社一般是不会作出任何实质性的团队操作,如订票、确认订房等。所以在旅游旺季,您千万不要认为打个电话 就 万事大吉,还是早一点到旅行社缴纳预付金, 不然 很可能影响您出游的好心情哦!

4. 旅游企业一般在任何时候和任何地方公布的旅游价格都是成团价格,一般成团人数为十人或十人以上, 因为 只有这时旅行社 才 能在航空公司拿到有折扣的机票。当然 ,如果您一个人也想要单独成团的话,只要您愿意出足够多的钱,那是绝对没有问题的。

三、给下面短文加上合适的标点符号:

人们的社会生活离不开语言。语言是一种工具,它可以帮助人们交流思想,互相了解。没有语言,社会的一切活动就不能进行。

文字是记录语言的符号。语言是说给人听的,文字是写给人看的。说话的时候,有各种语气,说到一定的地方,还要停一停;写成文字时,怎样表示不同的语气和停顿呢?这就要靠标点符号。

如果不用或者用错了标点符号,句子的意思就不清楚,有时还会弄错。有一个笑话说明标点符号的重要作用。

有一个人,家里来了一位客人。他们正谈话的时候,外边下起雨来了。客人就在一张纸上写了一句话:"下雨天留客。" 他的意思是:"下雨了,这是天有意把客人留下来。"主人看了,想跟客人开个玩笑,就接着写了一句:"天留人不留。"意思是:"天留客人,可是我不想留。"由于他们都没用标点符号,两句话连在一起了。客人想了想,拿起笔来,加了两个逗号,一个问号,一个感叹号,句子就变成了这样:"下雨天,留客天,留人不?留!"主人和客人都哈哈大笑起来。

生词语总表

（总表中的"12-F"指第十二章第三节附录中出现的生词语）

A

| 爱河 | àihé | 12-2 |
| 安抚 | ānfǔ | 11-3 |

B

把握	bǎwò	10-3
百炼成钢	bǎiliànchénggāng	11-1
败笔	bàibǐ	12-4
版权	bǎnquán	13-2
绊脚石	bànjiǎoshí	8-2
保送	bǎosòng	9-3
抱负	bàofù	11-3
暴富	bàofù	11-1
北疆	běijiāng	10-1
备案	bèi'àn	13-3
本(着)	běn(zhe)	13-4
本能	běnnéng	10-4
鼻酸	bísuān	10-4
比上不足，比下有余	bǐshàngbùzú, bǐxiàyǒuyú	11-3
壁画	bìhuà	10-4
编号	biānhào	13-4
编织	biānzhī	12-4
鞭策	biāncè	9-4
变更	biàngēng	13-2
标本	biāoběn	8-2
不屑一顾	búxièyígù	8-4
不敢越雷池一步	bù gǎn yuè léichí yí bù	8-2
不期	bù qī	12-4
不惜	bùxī	12-3
不朽	bùxiǔ	9-1
不择手段	bùzéshǒuduàn	8-4
不着天不着地	bùzháotiān bùzháodì	12-F
捕捉	bǔzhuō	12-3
步入	bùrù	10-1

C

才智	cáizhì	11-3
残余	cányú	12-4
苍老	cānglǎo	9-4

178

侧面	cèmiàn	12-4
层峦叠嶂	cénCluándiézhàng	12-2
查阅	cháyuè	8-1
尝试	chángshì	12-3
超前	chāoqián	12-1
超越	chāoyuè	11-3
扯开话头	chěkāihuàtóu	12-F
沉溺	chénnì	12-2
沉醉	chénzuì	10-1
趁火打劫	chènhuǒdǎjié	12-1
承担	chéngdān	13-4
痴	chī	12-F
驰骋	chíchěng	12-2
崇拜	chóngbài	8-2
惆怅	chóuchàng	12-4
出人头地	chūréntóudì	8-4
初衷	chūzhōng	12-1
创见	chuàngjiàn	8-2
创作	chuàngzuò	9-1
垂青	chuíqīng	11-1
慈爱	cí'ài	9-4
淬炼	cuìliàn	11-1
挫折	cuòzhé	10-3

D

呆呆	dāidāi	12-F
淡泊	dànbó	11-1
蛋壳	dànké	9-3
倒叙	dàoxù	12-3
得过且过	déguòqiěguò	8-4
底线	dǐxiàn	12-1
地久天长	dìjiǔtiāncháng	10-2
地心说	dìxīnshuō	8-2
地质	dìzhì	8-2
点染	diǎnrǎn	12-1
顶点	dǐngdiǎn	8-1

定格	dìnggé	9-4
动力	dònglì	9-4
陡峭	dǒuqiào	8-1
斗志	dòuzhì	9-3

E

恶作剧	èzuòjù	12-F
二重性	èrchóngxìng	10-3

F

发行	fāxíng	13-2
乏味	fáwèi	10-4
法院	fǎyuàn	13-4
反省	fǎnxǐng	11-3
泛白	fànbái	9-4
放哨	fàngshào	8-4
肺腑	fèifǔ	8-1
废寝忘食	fèiqǐnwàngshí	8-1
分期	fēnqī	13-3
纷扰	fēnrǎo	11-1
丰硕	fēngshuò	8-2
风华正茂	fēnghuázhèngmào	10-1
风尚	fēngshàng	11-2
风雨无阻	fēngyǔwúzǔ	8-1
凤毛麟角	fèngmáolínjiǎo	11-1
芙蓉	fúróng	12-1
符合	fúhé	13-1
幅员	fúyuán	11-2
抚今追昔	fǔjīnzhuīxī	12-4
付诸行动	fùzhūxíngdòng	8-3
妇联	fùlián	12-4
附录	fùlù	13-1
赴约	fùyuē	10-1
赋予	fùyǔ	12-4

G

盖章	gài zhāng	13-1
概率	gàilǜ	11-1
甘居中游	gānjūzhōngyóu	11-3
感受	gǎnshòu	8-1
钢轨	gāngguǐ	12-F
高昂	gāo'áng	11-2
高超	gāochāo	12-3
高徒	gāotú	9-1
高位	gāowèi	11-4
稿酬	gǎochóu	13-1
告诫	gàojiè	11-3
歌舞升平	gēwǔshēngpíng	9-3
革新	géxīn	10-3
根深蒂固	gēnshēndìgù	8-2
工夫不负有心人	gōngfu bú fù yǒuxīnrén	8-3
公式	gōngshì	8-1
功勋	gōngxūn	8-4
咕咚	gūdōng	12-F
鼓	gǔ	12-F
管辖权	guǎnxiáquán	13-4
光辉	guānghuī	8-1
规章	guīzhāng	13-3

H

含蓄	hánxù	12-4
寒暑不辍	hánshǔ bú chuò	8-1
呵护	hēhù	9-4
合谋	hémóu	12-2
和睦	hémù	9-2
横观	héng guān	8-1
呼喊	hūhǎn	10-4
忽闪	hūshan	12-F
忽悠	hūyou	12-F
化石	huàshí	10-4
化为乌有	huàwéiwūyǒu	8-3
环球	huánqiú	8-2
环生	huánshēng	12-2
荒唐	huāngtáng	11-1
回首	huíshǒu	8-3

J

机遇	jīyù	12-4
急促	jícù	12-F
继室	jìshì	12-4
驾驭	jiàyù	11-3
煎熬	jiān'áo	11-1
减轻	jiǎnqīng	13-4
鉴别	jiànbié	10-3
交付	jiāofù	13-1
交纳	jiāonà	13-4
焦渴	jiāokě	11-1
焦灼	jiāozhuó	12-F
佼佼者	jiǎojiǎozhě	11-4
教务	jiàowù	13-3
教训	jiàoxun	9-2
教研	jiàoyán	13-3
阶梯	jiētī	8-1
节制	jiézhì	11-2
结算	jiésuàn	13-3
截瘫	jiétān	11-4
解聘	jiěpìn	13-3
戒备	jièbèi	12-F
紧锣密鼓	jǐnluómìgǔ	8-3
尽心	jìnxīn	8-4
尽责	jìnzé	8-4
进度	jìndù	12-F
进取	jìnqǔ	11-3
精灵	jīnglíng	12-F

警惕	jǐngtì	9-3		陵墓	língmù	10-4
久而久之	jiǔ'érjiǔzhī	9-3		另行	lìngxíng	13-1
巨额	jù'é	9-2		令人神往	lìngrénshénwǎng	10-1
巨著	jùzhù	8-1		流淌	liútǎng	11-2
卷首语	juànshǒuyǔ	12-4		流域	liúyù	10-4
				旅程	lǚchéng	9-4
				履行	lǚxíng	13-2

K

慨叹	kǎitàn	12-4
坎坷	kǎnkě	11-4
砍价	kǎnjià	12-1
考验	kǎoyàn	11-4
可耻	kěchǐ	11-2
恪守	kèshǒu	13-4
空想	kōngxiǎng	8-3
空白	kòngbái	12-2
夸张	kuāzhāng	10-4
匮乏	kuìfá	11-2
扩而大之	kuò'érdàzhī	12-4
阔别	kuòbié	12-4

落落大方	luòluòdàfāng	12-F
落水	luòshuǐ	12-F

M

埋藏	máicáng	10-4
漫不经心	mànbùjīngxīn	11-1
漫长	màncháng	10-1
漫灌	mànguàn	11-2
魅力	mèilì	12-2
迷信	míxìn	8-2
免除	miǎnchú	13-4
腼腆	miǎntiǎn	12-F
描绘	miáohuì	9-1
渺茫	miǎománg	12-4
灭绝	mièjué	10-4
名副其实	míngfùqíshí	12-4
名师	míngshī	9-1
名言	míngyán	8-1
名誉权	míngyùquán	13-2
模式	móshì	12-3
磨难	mónàn	9-3
莫名其妙	mòmíngqímiào	12-F
母爱	mǔ'ài	9-4

L

蓝图	lántú	8-2
牢固	láogù	9-2
乐观	lèguān	11-4
冷嘲热讽	lěngcháorèfēng	11-1
冷静	lěngjìng	10-3
力度	lìdù	11-2
力争上游	lìzhēngshàngyóu	11-3
历历在目	lìlìzàimù	12-1
立志	lìzhì	11-3
良苦	liángkǔ	12-2
亮色	liàngsè	12-4
靓丽	liànglì	12-1
了结	liǎojié	11-4
淋漓尽致	línlíjìnzhì	12-1
灵活	línghuó	9-2

N

耐心	nàixīn	9-1
南国	nánguó	10-1
喃喃	nánnán	12-F
脑海	nǎohǎi	9-4

内忧外患	nèiyōuwàihuàn	9-3
农事	nóngshì	9-4
诺贝尔奖金	Nuòbèi'ěr jiǎngjīn	8-4
懦夫	nuòfū	11-4

P

拍案叫绝	pāi'ànjiàojué	12-1
攀登	pāndēng	8-1
抛	pāo	12-F
喷饭	pēnfàn	10-4
碰壁	pèngbì	10-3
偏僻	piānpì	12-4
评价	píngjià	13-3
泼辣	pōla	12-F
扑朔迷离	pūshuòmílí	12-2
铺垫	pūdiàn	12-2

Q

凄凉	qīliáng	12-4
奇缺	qíquē	11-2
歧视	qíshì	12-4
崎岖	qíqū	8-1
企盼	qǐpàn	11-1
启迪	qǐdí	9-3
起诉	qǐsù	13-4
起早摸黑	qǐzǎomōhēi	8-1
千里之行，始于足下	qiānlǐzhīxíng, shǐyúzúxià	8-3
签订	qiāndìng	13-4
呛水	qiāng shuǐ	12-F
强者	qiángzhě	10-3
跷	qiāo	12-F
侵犯	qīnfàn	13-2
轻率	qīngshuài	11-4
倾诉	qīngsù	9-4
清闲	qīngxián	12-4
清一色	qīngyísè	12-4
情不自禁	qíngbúzìjīn	8-3
情缘	qíngyuán	10-4
请命	qǐngmìng	10-4
庆幸	qìngxìng	11-2
曲子	qǔzi	9-1
取之不尽，用之不竭	qǔzhībújìn, yòngzhībùjié	11-2
权利	quánlì	13-4

R

热潮	rècháo	11-1
热泪沾襟	rèlèizhānjīn	10-1
日心说	rìxīnshuō	8-2
融化	rónghuà	12-F
融洽	róngqià	10-2
柔情	róuqíng	12-F
如愿以偿	rúyuànyǐcháng	10-3
睿智	ruìzhì	12-2
若无其事	ruòwúqíshì	12-F
弱点	ruòdiǎn	12-4

S

散漫	sǎnmàn	8-3
傻乎乎	shǎhūhū	12-F
善后	shànhòu	13-4
商榷	shāngquè	12-1
上进	shàngjìn	11-3
神奇	shénqí	12-F
神圣	shénshèng	8-4
升华	shēnghuá	12-2
湿漉漉	shīlùlù	12-F
实事	shíshì	8-1
使用权	shǐyòngquán	13-2
示范	shìfàn	9-1
事项	shìxiàng	13-1

事宜	shìyí	13-2
手笔	shǒubǐ	12-1
手下	shǒuxià	9-1
手艺	shǒuyì	12-3
受益	shòuyì	10-2
授予	shòuyǔ	13-2
抒写	shūxiě	9-4
鼠目寸光	shǔmùcùnguāng	11-3
束	shù	9-2
数额	shù'é	13-4
率先	shuàixiān	11-2
水窖	shuǐjiào	11-2
撕扯	sīchě	10-4
酸甜苦辣	suāntiánkǔlà	12-4

T

贪婪	tānlán	10-4
忐忑	tǎntè	12-3
探索	tànsuǒ	10-3
陶醉	táozuì	9-1
特创论	tèchuànglùn	8-2
腾地	téngde	12-F
啼笑皆非	tíxiàojiēfēi	9-3
天高云淡	tiāngāoyúndàn	9-4
天南地北	tiānnándìběi	12-F
条款	tiáokuǎn	13-2
停滞	tíngzhì	8-2
同病相怜	tóngbìngxiānglián	10-2
同窗	tóngchuāng	10-1
铜臭	tóngchòu	10-4
投保费	tóubǎofèi	13-4
投师	tóushī	9-1
透露	tòulù	12-4
凸现	tūxiàn	12-2
突破	tūpò	12-3
途径	tújìng	8-2

退缩	tuìsuō	11-4
拖拉	tuōlā	8-3
驼	tuó	9-4

W

外聘	wàipìn	13-3
外甥	wàisheng	11-3
玩忽	wánhū	8-4
顽皮	wánpí	12-F
顽强	wánqiáng	11-4
万无一失	wànwúyìshī	10-3
微妙	wēimiào	12-2
为凭	wéi píng	13-1
为人师表	wéirénshībiǎo	13-3
违约	wéiyuē	13-2
委托	wěituō	13-2
我见	wǒjiàn	8-4
无端	wúduān	8-2
无愧	wúkuì	8-3
无穷	wúqióng	8-3
无所事事	wúsuǒshìshì	8-4
无止境	wú zhǐjìng	8-2
五体投地	wǔtǐtóudì	12-1
物种	wùzhǒng	10-4
悟	wù	9-1

X

喜怒哀乐	xǐnùāilè	10-4
细微	xìwēi	9-1
遐想	xiáxiǎng	12-3
瑕不掩瑜	xiábùyǎnyú	12-1
贤妻良母	xiánqīliángmǔ	12-4
弦	xián	9-1
娴熟	xiánshú	9-1
显像	xiǎn xiàng	12-2
馅儿饼	xiànrbǐng	11-1

相会	xiānghuì	10-1
相中	xiāngzhòng	12-F
消沉	xiāochén	8-3
小提琴	xiǎotíqín	9-1
肖像权	xiàoxiàngquán	13-2
效力	xiàolì	13-4
楔形文字	xiēxíng wénzì	10-4
邂逅	xièhòu	12-4
懈怠	xièdài	9-1
心潮澎湃	xīncháopéngpài	10-1
心如明镜	xīnrúmíngjìng	12-1
心血	xīnxuè	8-1
心血来潮	xīnxuèláicháo	8-2
心有灵犀一点通	xīn yǒu língxī yì diǎn tōng	12-2
行云流水	xíngyúnliúshuǐ	12-3
胸无大志	xiōngwúdàzhì	8-4
须眉	xūméi	12-1
栩栩如生	xǔxǔrúshēng	12-2
续签	xùqiān	13-2
喧嚣	xuānxiāo	11-1
悬念	xuánniàn	12-2
漩涡	xuánwō	11-1
渲染	xuànrǎn	11-1
学风	xuéfēng	10-2
学说	xuéshuō	8-2
雪上加霜	xuěshàngjiāshuāng	11-2
寻思	xúnsi	12-F

Y

淹没	yānmò	11-4
严谨	yánjǐn	10-2
演绎	yǎnyì	11-1
艳丽	yànlì	8-2
泱泱	yāngyāng	11-2
洋洋洒洒	yángyángsǎsǎ	12-2
养育	yǎngyù	11-4
怏怏不乐	yàngyàngbúlè	12-F
样书	yàngshū	13-2
一代	yídài	9-1
一味	yíwèi	8-3
一点一滴	yìdiǎnyìdī	9-1
一丝不苟	yìsībùgǒu	8-4
衣扣	yīkòu	12-F
依赖	yīlài	8-2
遗迹	yíjì	10-4
疑虑	yílǜ	12-2
义务	yìwù	13-3
意味着	yìwèizhe	11-3
因素	yīnsù	9-1
阴差阳错	yīnchāyángcuò	11-1
阴影	yīnyǐng	12-4
音容笑貌	yīnróngxiàomào	12-1
印证	yìnzhèng	10-4
樱桃	yīngtáo	9-4
优胜劣汰	yōushènglièitài	11-1
幽静	yōujìng	12-F
由衷之言	yóuzhōngzhīyán	12-4
有方	yǒufāng	9-1
有口皆碑	yǒukǒujiēbēi	8-4
有效期	yǒuxiàoqī	13-2
有朝一日	yǒuzhāoyírì	11-3
有志难酬	yǒuzhìnánchóu	12-4
幼稚	yòuzhì	12-F
余	yú	12-4
愉悦	yúyuè	10-4
愚昧	yúmèi	10-4
宇宙	yǔzhòu	10-4
郁闷	yùmèn	12-4
育人	yù rén	13-3
预付款	yùfùkuǎn	13-4
冤枉	yuānwang	8-4

渊博	yuānbó	8-2
原则	yuánzé	13-1
圆梦	yuánmèng	10-2
源泉	yuánquán	9-4
远大	yuǎndà	11-3
约定	yuēdìng	10-1
跃然纸上	yuèránzhǐshàng	12-2
越轨	yuèguǐ	12-F
匀速运动	yúnsù yùndòng	10-3
芸芸众生	yúnyúnzhòngshēng	11-1
运弓自如	yùngōngzìrú	9-1

Z

杂务	záwù	10-1
造福	zàofú	11-2
造价	zàojià	11-2
札记	zhájì	9-1
沾沾自喜	zhānzhānzìxǐ	8-3
展现	zhǎnxiàn	10-3
站岗	zhàngǎng	8-4
折扇	zhéshàn	12-1
真理	zhēnlǐ	8-2
震惊	zhènjīng	11-4
争议	zhēngyì	13-2
蒸蒸日上	zhēngzhēngrìshàng	10-2
正经	zhèngjing	12-4
支付	zhīfù	13-1
执拗	zhíniù	12-F
执意	zhíyì	12-1
职守	zhíshǒu	8-4
职责	zhízé	13-3
制作	zhìzuò	13-1
质检所	zhìjiǎnsuǒ	13-4
质疑	zhìyí	8-2
忠告	zhōnggào	10-3
忠于	zhōngyú	8-4
终究	zhōngjiū	9-1
终止	zhōngzhǐ	13-1
众人拾柴火焰高	zhòng rén shí chái huǒyàn gāo	9-2
主旨	zhǔzhǐ	12-2
撞钟	zhuàng zhōng	8-4
着重	zhuózhòng	13-1
吱声	zīshēng	12-F
咨询	zīxún	13-4
自强	zìqiáng	10-3
自然选择	zìrán xuǎnzé	8-2
自慰	zìwèi	11-3
宗师	zōngshī	9-1
综上所述	zōngshàngsuǒshù	8-1
总体	zǒngtǐ	13-3
纵览	zònglǎn	8-1
组团	zǔ tuán	13-4
醉心	zuìxīn	9-3
作罢	zuòbà	9-3
坐吃山空	zuòchīshānkōng	9-3
坐享其成	zuòxiǎngqíchéng	9-3
做一天和尚撞一天钟	zuò yì tiān héshang zhuàng yì tiān zhōng	8-4